JN137369

The Impersonal Life

インパーソナル・ライフ

ジョゼフ・S・ベナー 記
川口まゆみ 訳
今井博樹 監修

ナチュラルスピリット

The Impersonal Life
by Joseph Benner

もくじ

初版序文

このメッセージに含まれる、深遠で重要な真理をよりよく理解するためには、読むたびに、静かな、開かれた心で、内容に接するよう心がける必要があります。知性を静め、あなたの魂を喚起して、教えを受け入れてください。一気に読むのではなく、あなたの内なる何かがそれに応え、意味が明確になるまで先へ進まないことです。

何よりもまず、メッセージの初めから終わりまで登場する「わたし」とは、内なるスピリット、あなた自身の魂、非個人的（インパーソナル）な自己、そして本当のあなたであることをはっきりと理解するようにしてください。その同じ自己は、別の静かなときには、あなたの間違いや、愚かさ、弱さを指摘し、始終、あなたをたしなめたり、助けたりして、あなたの精神が見つめる先にある理想に沿って、あなたが生きられるようにしているのです。

このメッセージが訪れたのも、そのように心を静めて、聖霊の導きと、愛する父に仕える機会を心から切望していた数カ月の間のことでした。父なる神は、常に在るものとして見いだされます。そして、彼を愛し、ハートと人生において彼を第一義とする子らを、いつでも喜んで祝福してくれるのです。

このようにして受け取った救いと導きが、あなたに伝えられます。その賢明で、愛に満ちた教えは、あまりに非凡で、すべてが非個人的なものであるために、受け入れる準備のできた人であれば、誰もがそれを等しく役立てることができます。

このメッセージの偉大な祝福とは、準備ができているなら、あなたが本を脇に置いたあとにも、ここに登場する「わたし」が、あなた自身のハートから直接、あなたに途切れなく語りかけるということです。親密で説得力のある導きが、あなたの抱えるすべての問題を明確にし、あなたの智慧(ちえ)と強さの源となるでしょう。そしてあなたに、平和、健康、幸福、自由、さらにはあなたのハートが望む豊かさのすべてをもたらしてくれるでしょう。

この小さな書物はしたがって、経路（チャネル）または開かれた扉として使われることが意図されています。その扉はあなたを、あなたの主の喜び、イエスによって約束された聖霊、あなたの内なる神なるキリストの生きた表現へと導いてくれるのです。

（原著）出版者

メモリアル版に寄せて

チャネルとして自らの肉体を共鳴させ、この啓示的なメッセージを世に送り出した愛すべき魂は、三年前に、この世から真の非個人的な生命(インパーソナル・ライフ)へと旅立ちました。本書を通して語りかけ、真の自己の理解へと目覚めさせてくれた内なる父への愛と感謝から、この第十三版は、メッセージを耳にし受け取った者たちによって、著者に——内なるキリストである非個人的な自己と、神の言葉を顕現させた彼の人間としての表現の双方に——捧げられています。これは、非個人的な生命(インパーソナル・ライフ)について学ぶ者と支援者に対する、父の愛の目に見える贈り物によって可能となりました。彼らは、自らの人生を通じて神の御国を第一に探し求めている人々であり、同じように探し求める人たちが、自分たちの受け取ったこのメッセージによって啓示を受け取れるようになることを望んでいる人々です。

著者が亡くなったとき、著者の始めたこの仕事を現在受け継いでいる彼の娘は、彼の書類の中にまぎれていた古びた財布の中に、二通の手紙を見つけました。それらの手紙は、このメッセージを公（おおやけ）にすることを可能にしたスピリットの誠実さと神聖さを完璧に明らかにするものとして、このメモリアル版につけ加えることになりました。それらは、この書を所持するすべての方々の宝物となるでしょう。

さらに書類をよく調べてみたところ、新しい版が出版されることになったなら、編集し直そうと彼が考えていたことを示すメモが見つかりました。そのときが訪れた今、わたしたちはメモに従い、いくつかの改訂を行いました。それは変更というより、多くの読者にとってわかりにくかった部分を明確にしたということです。

したがって、心からの謙虚さと感謝の気持ちをこめて、学ぶ者たちと出版者は、著者が**非個人的な生命**（インパーソナル・ライフ）のメッセージの媒介者として、私心なく奉仕に身を献げ、世界に尽力したことへの**記念**（メモリアル）として、この新しい**第十三版**を上梓いたします。

一九四四年十一月一日

第一の手紙

親愛なる神よ

あなたはすべてを養うお方、あなたはわたしに尽きることのない恵みを与えてくださり、あらゆる面においてわたしを満たしてくださいます。

わたしは今ここに、わたしの人生とあなたからいただいたすべてのものを、あなたへの奉仕に捧げることを誓います。今より後、あなたのためだけに働き、どんなときでもあなたのお導きとご指示に身をゆだねます。

その代わりに、わたしはただ、あなたがお話しになるときに御旨とご意向を汲みとるための智慧と理解力を、そして、あなたの尽きせぬ恵みとお力添えをけっして疑うことのない強さを与えてくださるようお願いいたします。

一九一六年九月十三日

ジョセフ・S・ベナー

September 13th 1916

Dear God,

Thou All-Provider. Thou Who art My Inexhaustible Supply. My Sufficiency in all things:

I hereby covenant with Thee to devote my life and Everything thou givest unto me Thy Service; to work henceforth only for Thee, letting Thee guide and direct me in All Things.

In return I ask only for Wisdom and Understanding that I may know Thy Will, and Thy Meaning when Thou Speakest, and Strength never to doubt Thy unfailing Supply and Support.

Joseph S. Benner

第二の手紙

親愛なる父よ

あなたは「非個人的な生命（インパーソナル・ライフ）」のメッセージを世界に伝えるという大いなる願いをわたしの心にもたせてくださいました。わたしは、それがあなたのお望みであり、あなたがそれを実現させる媒体としてわたしを選ばれたことを知っています。

わたしは今あなたに、この願いの実現を妨げるすべての困難を取り除いてくださるようお願いします。そして、わたし自身の人生のみならず、何百万もの仲間たちへも、あなたがわたしに示されてきたように、「非個人的な生命（インパーソナル・ライフ）」を完璧に表現するために必要なすべての手段を、今、わたしに与えてくださるようお願いいたします。

あなたは世界にこの新たな道程を示すための代理人という栄誉をわたしに与えてくださいました。どうか、わたしをすぐにそのために働けるようにしてください。そして、最後までわたしを導き、可能なかぎり最もすばらしい収穫をあなたの御業(みわざ)にもたらしてください。

これはあなたの御業であり、あなたのお考え(イデア)、あなたのお望みです。主よ、どうぞ、あなたの御旨(みむね)がわたしを介して速やかに成し遂げられ、天国と同じように、この地上においても行われますように。

キリストの御名(みな)において、お願いいたします。

一九一七年五月十七日

ジョセフ・S・ベナー

#2 Dear Father, May 17, 1917

Thou hast placed in my heart a great Desire to give forth unto the world the Message of "The Impersonal Life." I know that this is Thy Desire and that Thou hast chosen me as the medium thru whom Thou wilt bring it unto manifestation.

I now ask Thee to remove from me every thing that hinders the outward manifestation of this Desire, and that Thou wilt supply me with all the means necessary to give forth the Message of The Impersonal Life both in my own life and to the millions of my fellows in the [illegible] which Thou hast shown me.

As Thou has privileged me to be the agent to give to the world this message, I ask that Thou [illegible] enable me to bring it into use, and that Thou guide me in all my ways to that end and [illegible] bring [illegible] the greatest possible extent.

[illegible] Thy will, not mine, [illegible] Thy Desire. Do Thou, O Lord [illegible] that Thy Will may be done [illegible] — Amen.

[illegible] Joseph S. Benner

1 〈われ在り*〉

この本を読むあなたがたへ、わたしは語りかけている。

あなたがたのうち、真理、幸福、自由、神とは何かを知らなかったために、長年、あちらこちらを放浪し、哲学あるいは宗教の書物や教えの中で、懸命に探求を続けてきた者よ、

疲れ果て、勇気を失い、希望をほとんど失くしかけた魂よ、

「真理」のかけらを幾度も垣間見ながらも、追いかけて手が届きそうになると、それが彼方へと消え去り、砂漠の蜃気楼（しんきろう）しか見つけられなかった者よ、

社会や共同体、あるいは宗教のリーダーとして認められているような人の中に、すばらしい教師、この人こそが「マスター」であると思える人を見いだし、その人の説く智慧、その人の成した業績に感嘆する——だがやがて、あなたにとって至高の「真理」と思える、たくさんの優れた教えを言葉にして伝えるほどの人格者である「マスター」でさえも、あなたと同じように、欠点や弱さ、隠れた罪を担う、ひとりの人間にすぎないと気づいた者よ、

そしてそう、あなたもだ。疲れ、飢えながら、どこへ向かうべきなのかわからずにいる魂よ——

あなたのために、〈われ在り〉は来る。

そしてまた、自分自身の魂の内に「真理」の臨在を感じ始め、それが最近は内なる生命（いのち）の表現を求めてかすかにもがくのを確認しようとしている者よ、

そうだ、本当の「いのちのパン」を渇望するすべての者のために、〈われ在り〉は来るのだ。

分かちあう準備はできているだろうか？

そうであるなら、目覚めなさい。起き上がるのだ。心を静め、これから話されるわたしの言葉にしっかりと耳を傾けなさい。さもないと、あなたはハートに満たされない欲求を抱えたまま、またもや落胆して立ち去ることになるだろう。

わたし！

わたしとは誰なのか？——

このような、もっともらしい知識と権威をもって語りかけるわたしとは？

聴きなさい！

〈われ在り〉はあなた、すなわち、**在り**、**知る**、あなたの本分、

すべてを知るもの、

そして、ずっと知っていた、ずっと在ったもの。

そう、〈われ在り〉は、**あなた**、**あなたの自己**——すなわち、〈われ在り〉だと言い、〈われ在り〉である、あなたの本分であり、

その超越的な、あなたの最も奥深い部分は、これを読み進むにつれて内側が活性化し、**わたし**の言**葉**に反応し、その言葉のもつ**真**理に気づき、あらゆる**真**理を認識して、間違いを見つければそのすべてを取り除く。それはこれまでずっと、あなたの間違いを助長してきた部分ではない。

というのも、〈われ在り〉はあなたの本当の**教師**、あなたがこれまで出会ったこともない正真正銘の唯一無二の**マスター**であり、

わたしは、あなたの聖なる**自己**なのだから。

わたし、すなわち、あなたの〈**われ在り**〉は、この世のあらゆるものをあなたにもたらしてきたように、この**わたしの**メッセージ、わたしの生きた**言葉**をあなたにもたらす。書物や「**マスター**」という形で、〈**われ在り**〉が、そしてただ**わたしだけ**が、あなたの**真の自己**であり、あなたの**師**であり、唯一の**教師**、唯一の**神**であることを教えるために。この唯一の神が、たえずあなたに**いのちのパン**と**ワイン**を与えてきただけでなく、肉体的、精神的、霊的な成長と維持に必要なものすべてをもたらしてきた。

それゆえ、読み進むにつれて**あなた**に訴えかけてくるのは、**わたしの**メッセージなのだ。それは内側から、あなたの顕在意識に語りかける。それは、あなたの〈**われ在り**〉が内側において常に知っていたことの確認にすぎないが、あなたの顕在意識にははっきりとわかる言葉では

伝えられてこなかったものだ。

同様に、外側に現れた、あなたに強く訴えかけるものはすべて、すでに内側で語りかけられた**わたしの言葉**にすぎない。外面的な出来事は、あなたの人間としての意識、すなわち自己意識に届いて印象を残すように、その時点で**わたし**が選んだ道であり、手段だ。

〈われ在り〉は、あなたの人間としての心（マインド）ではないし、その分身でも知性でもない。それらは、あなたが**わたし**の存在の表現であるように、あなたの存在の表現にすぎない。それらは、あなたが**わたしの聖なる非個人性**（インパーソナリティ）のひとつの姿であるように、あなたの人間としての人格（パーソナリティ）のひとつの局面にすぎないのだ。

これらの言葉についてよく考え、理解を深めなさい。

立ち上がって、今、そして永久に、思い上がりや自負心や知性をもつ、あなたの人格の支配から自分自身を解放しなさい。

というのは、わたしの言葉があなたの魂の意識にまで到達したなら、あなたの心(マインド)はこれよりあなたの召使となり、知性はあなたのしもべとなるに違いないのだから。

〈われ在り〉は、今やあなたの魂の意識に到達した。わたしはその意識に、わたしの言葉の受け入れ態勢を整えるよう、はっきりと促した。

さて、あなたがそれに耐えられるほど強ければ、

あなたが他人のゴミ置き場から拾い集めたガラクタにすぎない、私的で個人的な空想や信念や意見を脇に置くことができるならば、

あなたがそれらすべてを投げ捨てられるほど強いのであれば——

わたしの言葉は、あなたにとって尽きせぬ喜びと祝福の源となるだろう。

このわたしの言葉を読み進める間ずっと、あなたの個人性はわたしの言葉に疑いを抱くだろうと覚悟しなさい。

なぜなら、それはまさにその存続を脅かされているからだ。それは、あなたがわたしの言葉をハートの奥へと受け入れ、そこに住まわせたなら、生き延びることも、あなたの思考や感情、動きを、今までのように支配することもできないと知っているからだ。

そうだ、〈われ在り〉は今、あなたのもとに来る。

わたしの臨在をあなたに意識させるために。

また、わたしはあなたの人間としての心が、ある程度、わたしの意図を把握できるように準備させもした。

わたしはずっとあなたとともにいるのに、あなたはそれに気づくことはなかった。

わたしはわざとあなたを、書物や教え、宗教や哲学の荒野へと導いた。砂漠でマナを与えながら、これまでずっと、あなたの魂の目を約束の地のビジョンへと向かわせるようにしてきた。だから、あなたは霊的なパンを覚えていて、それを重んじ、渇望するのだ。

今、わたしはあなたを、聖なる約束の地とあなたとを隔てているヨルダン川まで導いてきたところだ。

今、あなたが意識的にわたしを知るときが訪れた。乳と蜜の流れる地、カナーンへと渡るときが来たのだ。

用意はできているか？

進みたいという気持ちはあるだろうか？

それならば、このわたしの言葉に従いなさい。わたしの言葉は契約の箱*であり、あなたは靴を濡らすことなく渡りきることができるだろう。

*〈われ在り〉：原語はI AM。旧約聖書で神が自らのことをI AM THAT I AM.（われは〈われ在り〉というものである）（「出エジプト記」第三章第十四節）と述べたことから来ている。〈わたしは在る〉とも訳される。〈われ在り〉は神の名前であり神のことを指す。また神秘主義（思想）では、〈われ在り〉は覚醒時の意識状態を表す言葉であり、真我のことを指している。

*契約の箱：モーセがシナイ山で神から授かった十戒を入れた箱。

2　静かに、そして知りなさい

さて、あなたがわたしを理解し、わたしこそがあなたの真の自己であり、これらの言葉を話しているのだと確信したいなら、まずは**静かにする**ことを学ばなければならない。あなたの人間としての心（マインド）と身体、そしてその活動をすべて静めれば、もはや、あなたはそれらを意識しなくなるだろう。

あなたにはまだそれができないかもしれない。しかし、もしあなたが本当にわたしを知りたいと願い、それを、わたしが求める行動のすべてにおいて、わたしを信頼し、わたしに従うことによって示す気があるなら、どうすればよいかを教えよう。

聴きなさい！

この本を通して語りかける「わたし」を、あなたの人間としての心や知性に働きかけ、助言を与えるあなたの高次の自己、あるいは聖なる自己だと想像してみなさい。さしあたり、あなたはそれを分離した人格とみなすだろう。あなたの心は、過去の経験や学習とは一致しないものや、理にかなっているとは思えないものは受け入れられないようにできている。したがって、それに言及する際、あなたは知性に最もわかりやすく真理を説明できるような用語や表現を用いる。心があなたの目指す意識に目覚めるためには、知性はその真理を理解しなければならないのだ。

実際には、この「わたし」はあなた自身であり、あなたの本当の自己だ。あなたの人間としての心はこれまで、ありとあらゆる道楽を知性と肉体に与えることに夢中になっていた。そのため、真の主なる神そしてマスターである本当のあなたを知る機会がなかった。あなたは肉体と知性の喜びや苦しみにあまりにも関心をもちすぎ、その影響を受けてきたせいで、自分が知性と肉体であると信じそうになり、その結果、あなたの聖なる自己であるわたしをほとんど忘れてしまったのだ。

〈われ在り〉は、あなたの知性でも肉体でもない。このメッセージは、あなたとわたしはひとつであると伝えるためのものだ。わたしがここで語っている言葉、そしてその教えの要点は、この偉大なる事実にあなたの意識を目覚めさせることだ。

長い間、あなたを虜にしてきたこの肉体と知性の意識から抜け出すことができなければ、あなたがこの事実に目覚めることはない。あなたは、内側で〈われ在り〉と知る前に、内なるわたしを感じなければならないのだ。

とはいえ、あなたが内なるわたしを感じるためには、心とその思考、肉体とその感覚を完全に忘れなければならず、ここでのわたしの指示に注意深く従う必要がある。

静かに、ゆったりとした姿勢で座りなさい。そして、すっかりくつろいだら、心で次の言葉の意味を受け取りなさい。

「静かに！――そして**知りなさい**――〈われ在り〉は――神であると」＊

思考することなく、このわたしの聖なる指令があなたの魂の奥深くに浸透するにまかせなさい。どんな印象が生じようとも、骨折りも邪魔だてもせず、思いのままに受け入れなさい。それらの意味をしっかりと心にとどめなさい。こうした印象づけによってあなたを導いているのは、ほかでもない内なるわたしなのだから。核心となる意味のいくらかでもわかり始めたら、ゆっくりと、威厳をもって、これらの**わたし**の言葉を口にしなさい。あなたの意識の力をふりしぼり、身体の細胞のひとつひとつに、心が司るあらゆる機能に、伝えるのだ。

「静かに！――そして**知りなさい**――〈われ在り〉は――神であると」

この言葉を、ただここに記されているように唱えなさい。そして、あなたという神が、あなたの人間としての死すべき自己に絶対的な服従を命令し要求したのだと、はっきりと理解するように努めなさい。

よく吟味して、言葉の内に隠された力を見いだすのだ。

反芻し、何であれ、仕事の場にもこの言葉を携えていきなさい。この言葉を、あなたの仕事や、あらゆる創造的な思考においての不可欠な要素としなさい。

この言葉を一日に千回唱えなさい。

あなたがわたしの最も奥深い意図をすべて見いだすまで。

あなたの身体のあらゆる細胞が、「**静かに**」というわたしの命令に喜びで胸をときめかせ、ただちに従えるようになるまで。

そして、あなたの心にはびこる気まぐれな思考のひとつひとつが無となり、速やかに消え去るまで。

そのとき、今や空っぽとなったあなたという存在の洞窟に、この言葉が響きわたるのだ。

こうして、**知っている**ということが、あなたの意識の地平に、**太陽**のごとく昇り始めるだろう。

すると、すばらしく不思議な**息吹**が、あなたの身体の隅々を、この上なく満たしていくのを感じるだろう。それは、エクスタシーではちきれそうな感覚をあなたにもたらす。そして、強く、抗いがたい**力**が内側に、波のように湧き起こり、あなたは地上からもち上げられるような感覚を覚えるだろう。そうして、あなたは**わたしの臨在の栄光**、**神聖さ**、**荘厳さ**を内側に感じるのだ。

そしてそのとき、そのときこそ、あなたは〈**われ在り**〉を、**神**を、**知る**だろう。

あなたが**わたしの力**(パワー)を体験し、**わたしの智慧**に耳を傾け、すべてを包みこむ**わたしの愛**によるエクスタシーを知る瞬間において、内側で**わたしを感じる**ときには――あなたはどんな病気にも冒されることはないし、どんな状況にもくじけることなく、どんな敵にも打ち負かされることはないだろう。というのも、今やあなたは、内なる〈われ在り〉を**知って**いるのだから。あなたは、今後必要なときにはいつでもわたしを頼り、全面的にわたしを信頼し、わたしが**わたしの意志**を表明するにまかせることができるだろう。

そのようにわたしを頼れば、あなたは必要なときにはいつでもわたしを、確かにそこにある救いを見いだすだろう。わたしはあなたを、わたしの臨在とわたしの力への気づきで満たすが、あなたはただ**静かにして**、やってほしいことを何であれわたしにまかせるだけでよいのだ。それはたとえば、あなたや他の人の病気を癒したり、あなたの心に光明をもたらし、探し求めている真理をわたしの目によって見えるようにしたり、以前には達成不可能と思われた仕事を申し分なくやりとげたりする、といったことだ。

この知識、この気づきは、すぐに訪れるものではない。何年もかかるかもしれないし、明日やってくるかもしれない。

それは、他の誰でもなく、あなた次第だ。
人間的な願望や理解を伴う人格によってもたらされるのではない。
あなたの中の〈**われ在り**〉、内なる**神**によってもたらされるのだ。

花の蕾（つぼみ）を開かせたのは誰か？
雛鳥（ひなどり）に卵の殻を破らせたのは誰か？
誰が、日にちや時間を決めたのか？

それは、内なる**知性**、わたしの知性の、意識的で自然な行為であり、わたしの**意志**によって導かれたものだ。それがわたしのイデアを結実させ、花や雛鳥として現れたのだ。

しかし、花や雛鳥とそれとに、何か関わりがあったのだろうか？

いや、彼らは自らの意志を**わたしの意志**にゆだね、**わたしの意志**とひとつになっただけなのだ。**わたしとわたしの智慧**が、時が満ち、機が熟すのを決定するにまかせ、それから、努力しようとする**わたしの意志**の衝動に従うことで、彼らは新しい**生命**への一歩を踏み出すことができたのだ。

あなたは、あなたの人格を用いて、人間としての意識の殻を打ち砕こうと、何百回、何千回と努力するかもしれない。

そのような努力をしても、形あるものの世界と無形の夢の王国との間に**わたし**が設けた扉が打ち砕かれるだけのことだ。そうして扉が開いてしまえば、あなたはもはや侵入者があなたの内面にやってきて、多くの問題や苦しみをもたらすのを阻止することはできなくなる。

だが、そのような苦しみを通してであっても、あなたはそれまでもっていなかった強さや智慧を手にするだろう。その智慧によってあなたが知ることになるのは、知識や善良さを求める欲望、そしてそう、わたしとの一体化を求める欲望、つまり自己を益するための欲望をすべて手放さないかぎり、あなたは、あなたを花開かせ、わたしの聖なる本性の完璧な美を披露することも、あなたの人間としての人格という殻を投げ捨て、わたしの天の王国の輝かしい光の中へと歩み入ることもできないということだ。

だからこそ、わたしは今、まずはあなたがわたしを認識する方法を学べるように、これらの導きを与えているのだ。

あなたが、ここで与えられるわたしの指示を真剣に理解し、それに従うならば、わたしは次のことを約束しよう。すなわち、あなたはすぐに、わたしを知るようになるだろう。そしてわたしは、あらゆるわたしの言葉——書物や教義、自然やあなたの仲間など、何によって示されるのであれ——に対する理解をあなたに授けよう。

ここに書かれていることで何か矛盾しているように思われることがあれば、投げ捨ててしまう前に、わたしの真意を探し求めなさい。

どの段落も、その中の考えのひとつひとつ、示唆されていることがすべてはっきりとわかるまで、そこから離れてはいけない。

だが、あなたが探求し、努力するにあたっては、確信と信頼をもって、あなたの内なる真の自己であるわたしにゆだねるがいい。結果について心配することはない。結果はすべてわたしにまかされており、わたしが対処することになるのだから。疑いや心配は、あなたの人格から来ているにすぎない。それに囚われたままでは、失敗と落胆を招くだけだろう。

＊「詩篇」第四六篇第一〇節。Be still and know I am God.「静かに！　そして、わたしが神であると知りなさい」と通常は訳される。本書では Be still!—and KNOW—I AM—GOD. という表記であり、I AM の大文字を生かして、あえて「〈われ在り〉は神である」とした。通常の訳のほうが合っていると感じられたなら、そのように読み替えていただきたい。

3　わたし、生命、神

ここまで読んできた内容が、内なる反応を呼び起こし、あなたの魂がさらに多くを求めるなら、あなたにはこの先へ行く準備ができている。

あなたがいまだに、ここに記されているのは、うわべだけ装った神の権威ではないかと疑ったり、反発を感じたりしているなら、それはあなたの知性が、これは狡猾な提案であり、手の込んだ詭弁であり、心を惑わす新たな企てだと、あなたに語りかけているということだ。それに従うなら、あなたはこれらの言葉から何の恩恵も受け取ることができないし、あなたの人間としての意識から、その意味は隠されたままになるだろう。そして、わたしの言葉は、他の表現手段によってあなたに伝えられなければならなくなる。

あなたの人格がその知性をもって、あなたのいまだ知ることのないわたしの権威に対して疑問や反感を生じさせるとしても、それでかまわない。あなたの人格にそのような反感を起こさせているのは、実はわたしなのだ。なぜなら、わたしを完璧に表現できるように心と身体を強く発達させるためには、自尊心を備えたあなたという人格がわたしには必要だからだ。わたしを知る覚悟ができるまで、あなたの人格がこのように疑問や反感を抱くのはごく自然なことだ。あなたがいったんわたしの権威を認めたなら、その瞬間から、あなたという人格の権威は次第に薄れてゆくだろう。その支配は終わりへと近づき、あなたは助けと導きを求めて、ますますわたしに頼るようになるだろう。

それゆえ、がっかりすることはない。読み進めていくうちに理解が訪れるだろう。読み進めることができたりできなかったりするのはあなたの選択によるのだが、そう決めたのは実はあなたではなく、わたしなのだということを知っておきなさい。

どうやら、これ以上読み進められそうもないと決めたあなたに対して、わたしには計画がある。しかるべきときが来れば、そのとき何をしていようと、何を好もうと望もうと、あなたは**わたし**こそが、あなたという人格がもつあらゆる誤った考えや幻想を通して、あなたを導いているのだと学ぶことになるだろう。そうしてあなたは、ついにそれらの非現実性に気づき、ただひとつの**真実**（リアリティ）である**わたし**へと向かう。そのとき、次の言葉が心の内に響くだろう――

「**静かに！**――そして**知りなさい**――〈**われ在り**〉は――神であると」

そうだ、〈**われ在り**〉は、あなたの内側に座するあなたの最も深遠なる部分であり、時間も空間も知ることなく、静かに待ち、見守っている。〈**われ在り**〉は**永遠**であり、すべての空間を満たしている。

あなたの取るに足らない人間的愚かさや、弱さ、無駄な憧れ、野望、後悔が絶たれるのを、**わたし**は見守り、待ち続ける。そのときがやがて訪れることを確信して。そのときあなたは、疲れ果て、落胆し、虚しさと謙虚さをもって、わたしのほうを向くだろう。そして、**わたし**がずっとあなたを導いてきたことに気づかないまま、**わたし**に導きを乞うだろう。

そうだ、わたしはあなたの内側に座し、静かにそのときを待っている。だが、待ち続けるあいだも、実はわたしこそがあなたの歩むすべての道のりを指し示し、あらゆる思考と行動に霊感を与えているのだ。それぞれを非個人的に活用し、巧みに操ることにより、あなたや、わたしの顕れである他の人間たちに、わたしへの究極の意識的な気づきをもたらすために。

そうだ、わたしはいつもあなたの内側、ハートの奥深くにいる。これまでずっと、あなたとともにいた。喜びや悲しみ、成功や失敗、悪しき行い、羞恥心、兄弟や神に対する罪、などとあなたが考えるときも、わたしはともにいたのだ。

そうだ、あなたが直進しようが、脇道にそれようが、後退しようが、そのように導いたのは、わたしだった。

遠くおぼろげに見えるわたしへとあなたを駆りたてたのは、わたしだった。

どこか魅惑的な表情や美しい身体、うっとりするような喜び、抗しがたい熱望の的といったわたしのビジョンによってあなたを惹きよせたのは、**わたし**だった。

罪や**弱さ**、**強欲**、**詭弁**を装ってあなたの前に現れ、あなたを**良心**という腕の中に追いやったのは、**わたし**だった。そして、あなたをその得体の知れない腕の中での葛藤に、あなたがその無力さに気づき、嫌気がさして立ち上がり、直観的な新しいビジョンを得て、わたしの仮面を引き剥がすまで、置き去りにしたのだ。

そうだ、あなたにあらゆる行動をとらせているのはわたしだ。そして、わかるだろうか。あなたの兄弟が行っているあらゆること、あなたが行っているあらゆることを行っているのは、わたしなのだ。なぜなら、あなたや彼らの内に**存在する**のは、わたし、わたしの**自己**だからだ。

なぜなら、〈**われ在り**〉は**生命**（いのち）だからだ。

〈**われ在り**〉が、あなたの身体を動かし、あなたの心に思考させ、あなたの心臓を鼓動させているのだ。

〈われ在り〉は最も深遠なるもの、**スピリット**であり、あなたという存在、あらゆる生きもの、見えるものも見えないものをも含む、生きとし生けるものに生命を吹き込んでいる原因（もと）なのだ。生命のないものなど存在しない。なぜなら、**非個人的な一なるもの**である〈われ在り〉は、存在するすべてであるからだ。〈われ在り〉は無限であり、まったく制限されない。宇宙はわたしの**身体**であり、存在するすべての**知性**はわたしの**心**から生じ、すべての**愛**はわたしの**ハート**から流れ出し、すべての**力**（パワー）は活動する**わたしの意志**に他ならない。

すべての**智慧**、すべての**愛**、すべての**力**（パワー）――あるいは、あなたが望むなら、光、熱、エネルギーと言ってもいいが――として顕現する三重の**力**（フォース）は、あらゆる形態をつなぎあわせ、生命のあらゆる表現や局面を支えるものであり、かつ、その内側にあるものだ。だがそれは、わたしの**自己**を、その行いや存在のありようによって表しているにすぎないのだ。

わたしの姿をどこかしら顕現したり表現したりすることなしに、何ひとつ存在することはできない。わたしはあらゆる形態の創り手であるだけでなく、それぞれに内在するものだ。万物の中心にわたしは存在する。人間の中心に、動物の中心に、花の中心に、石ころの中心に、わたしは存在する。それぞれの中心にわたしは宿り、活動し、わたしの存在を保持している。そして、それぞれの中心から、表現したいと思うわたしの姿を生じさせ、それらが外界で、石や花、動物、人間として顕現するのだ。

この偉大なるわたし以外には何もないのだろうか？　わたしには何の個性も認められないのだろうか？　あなたはそのように問うだろう。

そうだ、わたしの一部でないものは、絶対に存在しない。わたし——一なる無限の真実——があらゆるものを治め、永遠に統治しているのだ。

あなたの、いわゆる個性について言うなら、それはあなたの人格が、今なお、分離した存在を保持しようとしているにすぎない。

まもなくあなたは、わたしという個性以外は存在しないことに気づくだろう。そして、すべての人格は、わたしの聖なる非個人性の中へと消え去るだろう。

そして、あなたはわたしの非個人性を垣間見られる目覚めの状態にすぐに到達するだろう。そのとき、あなたはもはや個性や分離を望まなくなる。なぜなら、それらは人格がもつ幻想のひとつにすぎないと気づくからだ。

4　意識、知性、意志

そうだ、読み進めるにつれ、あなたの心はさまざまな考えでいっぱいになるだろう。だが、疑い、湧き起こる問い、漠然とした怖れは、わたしの意図が放つかすかな光によって、高まる希望へと、気づかぬうちに変化してゆくだろう。その光は、あなたの人間としての知性の暗闇を突き抜けて、よりいっそう明るく輝き出し、あなたは、わたしの言葉の奥底に直観的に感じ取っていた真理をはっきりと見いだすことができるようになる。

もう一度言おう。ここで語りかけている〈われ在り〉とは、あなたの本当の自己だ。そして、これらの言葉を読むにあたっては、その意味を完全に理解するために、あなたの人間としての意識に語りかけているのはあなた、すなわち、あなた自身の自己であると認識する必要がある。

繰り返し言おう。同じ〈われ在り〉が、極小の原子から巨大な太陽にいたるまで、宇宙に存在する生きとし生けるものに生命とスピリットを吹きこんでいる。この〈われ在り〉は、あなたや、あなたの兄弟姉妹の内にある知性であり、それはまた、あらゆるものを生存させ、成長させ、運命づけられたものにしている知性でもある。

おそらく、あなたはまだ、この〈われ在り〉がどのようにして同時にあなたの〈われ在り〉、あなたの兄弟の〈われ在り〉、そしてまた、石や植物、動物の知性となりうるのかを理解していないだろう。

しかし、わたしの言葉にならい、ここで述べた教えに従えば、あなたは理解することになる。なぜなら、もしあなたが、わたしの意図を理解しようとして真剣に努力し、読み進めるならば、わたしがあなたの意識に光を与え、心の最奥を照らし、あなたの知性を曇らせている人間ならではの誤解や思いつき、見解のすべてを一掃するであろうから。

だから、注意深く耳を傾けなさい。

〈われ在り〉は、あなたであり、あなたの本当の自己であり、あるがままのあなたのすべてだ。あなたがあなただと思っているものは、あなたではない。それは幻想にすぎず、本当のあなた——つまり、わたしであり、あなたの不死なる、聖なる自己——の影なのだ。

この段階で〈われ在り〉は、あなたの心が「わたし」と呼ぶものに意識の焦点を合わせている。〈われ在り〉は、その「わたし」でもある。しかし、あなたがあなたの意識と呼ぶものは、実際には、あなたの人間としての心の器に合わせて希釈された、わたしの意識なのだ。それは依然としてわたしの意識であり、あなたが人間ならではの誤解や思いつき、見解のすべてを心の中から一掃し、完全に無くすことができたとき、わたしの意識は自由に表現する機会を得る。そのとき、あなたはわたしを認識し、あなたは自分がまったく何ものでもないということ、すなわち、わたしの意識の一焦点でしかなく、わたしがわたしの意図を表現するためのひとつの手段や媒体にすぎないということを知るだろう。

おそらくあなたは、まだこのことを理解できないでいるだろう。そして、わたしがあなたの知性にこれが真理であることを納得させ、心の準備を完璧に整えるまでは、当然ながら、あなたはこれを信じることもできないだろう。

あなたは、身体の細胞のそれぞれには、独自の意識と知能があると耳にしたことがあるだろう。すなわち、その意識がなければ、細胞もこれほど知的に機能することはできないのだと。

それぞれの細胞は何百万もの別の細胞に取り囲まれ、ひとつひとつが自らの役割を賢明に果たし、明らかに、これらすべての細胞の統合意識によってコントロールされ、その役割を指示し統御する集団知能を形成している。この集団知能は見たところ、細胞が形づくっている器官の知能のようだ。同様に、別の器官には別の集団知能があり、それぞれが何百万もの細胞を包含し、これらすべての器官があなたの肉体を作り上げている。

さて、これであなたは、それが意識的あるいは無意識的であろうと、あなたが、あなたの身体の器官の働きを指示している**知性**だとわかったことだろう。そして、各器官の細胞のひとつひとつが、まさにその指示を行う**知性**の焦点であり、この**知性**が失われると、細胞は壊れ、肉体は死に、もはや生きた生命体としては存在しなくなる。

あなたの器官、またそれを構成する各細胞の働きを指示し、コントロールしている、このあなたとは誰なのか？

それはあなたの人間としての、もしくは個人的な自己ではないはずだ。なぜなら、そのあなたには、身体の器官の働きを、ひとつとして意識的にコントロールすることはできないのだから。

したがって、それはあなたの**非個人的な〈われ在り〉**であり、あなたであり、かつあなたではないもの、ということになる。

聴きなさい！

わたしにとってのあなた――〈われ在り〉としてのあなた――は、あなたの〈われ在り〉という意識にとっての、あなたの身体細胞の意識と同じなのだ。

言うなれば、あなたはわたしの身体の細胞のひとつであり、わたしにとって、〈わたしの細胞のひとつとしての〉あなたの意識は、あなたにとっての、身体細胞のひとつがもつ意識と同じなのだ。

したがって、あなたの身体細胞がもつ意識は、わたしの意識であるに違いない。ちょうど、あなたの意識がわたしの意識であるように。それゆえ、わたしたち――細胞、あなた、そしてわたし――は、意識においてひとつということになる。

あなたは今のところ、たったひとつの細胞ですら、それを意識的に動かすことも、コントロールすることもできない。しかし、あなたが、あなたの内なる〈われ在り〉の意識の中に思いのままに入ることができるようになり、それがわたしと同一だと知ったとき、あなたは身体のすべての細胞をコントロールできるだけでなく、あなたがそうしたいと思う他のいかなる身体をもコントロールできるようになる。

あなたの意識が、もはやあなたの身体細胞をコントロールしなくなると、いったい何が起こるだろうか？　肉体は崩れ、細胞はばらばらになり、それまで行っていた働きは終了する。しかし、それらの細胞は死んでしまったり、意識を失ったりするのだろうか？　いや、それらはしばらくの間、眠ったり、休息したりするだけだ。そして、しばらくしてから、他の細胞（基礎組織）と結びつき、新しい組み合わせを形づくり、遅かれ早かれ、別の生命体となって現れる——もしかすると、それは鉱物だったり、植物だったり、動物だったりするかもしれない。それらの細胞は、本来の意識を保ちながらも、**わたしの意志**が動きだすのを待ち、わたしが顕現しようとしている新しい意識を働かせるために、新しい組織体にともに加わるのだ。

すると、この細胞（基礎組織）の意識は、鉱物、植物、動物、人間など、あらゆる身体に共通の意識ということになるが、それぞれの細胞はひょっとすると、経験上、何らかの一般的な働きに適合させられているのだろうか？

そうだ。この細胞の意識は、それがどんなものであれ、あらゆる身体のあらゆる細胞に共通している。なぜなら、それは**非個人的**な意識であり、割り当てられた働き以外、目的をもっていないからだ。それは、どこで必要とされているのであれ、そのように働くためだけに生きている。細胞の意識は、わたしが奉仕を望むどのような意識のもとであろうとも、何かひとつのものを形づくることを通して、別のものを形づくる働きを担っているのだ。

それはつまり、あなたにとっても同じことだ。

あなたはわたしの身体の細胞のひとつであるから、あなたのもつ意識はわたしの意識であり、知性はわたしの知性であり、意志でさえもわたしの意志なのだ。あなたは、そのどれひとつとして独力で、もしくは自分のものとしてもつことはない。それらはすべてわたしのものであり、わたしだけが用いるのだ。

ところで、わたしの意識、わたしの知性、わたしの意志は完全に非個人的なものだ。それゆえ、ちょうど**あなた**の身体細胞のすべてにおいてもそうであるように、それらは、**あなた**と、**わた**

しの身体のすべての細胞に共通している。

〈われ在り〉は、完全に非個人的なわたしの意識、わたしの知性、わたしの意志であり、わたしの身体であるあなたや、他の細胞たちの中で働いている。それらは、あなたや彼らの〈われ在り〉を構成し、非個人的に働いているに違いない。ちょうど、あなたの身体細胞において、それらが非個人的に働いているのと同じように。それゆえ、わたし、そして、あなたやあなたの兄弟の〈われ在り〉、すべての身体のすべての細胞における意識と知性は、ひとつなのだ。

〈われ在り〉は、すべてを導く知性、命を吹きこむスピリット、生命、あらゆる物質、あらゆる実体の意識だ。

あなたにもわかるだろうか。あなた、本当のあなた、非個人的なあなたは、あらゆるものの内に存在し、あらゆるものとひとつであり、わたしの内に存在し、わたしとひとつだ。ちょうど、〈われ在り〉があなたや万物の内にあり、あなたや万物を通して、わたしの真実(リアリティ)を表現しているのと同じように。

あなたが、あなたの意志と呼んでいるこの意志もまた、あなたの心や身体細胞の意識や知性があなたのものではないのと同様に、あなた個人のものではない。

それは**わたしの意志**の小さなかけらに他ならず、あなたが個人的に使うことをわたしが許しているのだ。あなたが目覚め、あなたの内にある確かな力や才能を認識し、それらを意識的に使い始めるのが早ければ早いほど、わたしはあなたに、さらに多くのわたしの無限の力の行使を認めるだろう。

あらゆる力とその行使は、**わたしの意志**を用いることの認識と理解に他ならない。

あなたの意志とあなたの力のすべては、あなたの行使能力に合わせてわたしが準備した、**わたしの意志**の一面にすぎないのだ。

わたしの意志の力を意識的に使う方法をあなたが知る前に、もし、わたしがそのすべての力をあなたにゆだねてしまったなら、その力はあなたの身体を完全に滅ぼしてしまうだろう。

あなたの強さを試すため、そしてむしろ、わたしの力を誤って使った場合、どのような影響があるかをあなたに見せるため、わたしは、あなたがときに、罪とも間違いとも呼ばれるものを犯すことを許そう。わたしはさらに、わたしの臨在が、わたしの力や、わたしの知性、わたしの愛の意識として顕現するときに、あなたが、あなたの内にわたしの臨在を感じ取って、得意になることさえ許そう。さらには、あなたがそれらを、自分自身の個人的な目的のために受け取り、利用することさえも。しかし、長く、ではない。それらをコントロールできるほど強くなければ、それらはすぐに反旗を翻し、あなたの自制心を奪い、あなたを泥沼に突き落とし、しばらくの間、あなたの意識から消え去ってしまうからだ。

たとえあなたが、そのとき気づいていないとしても、いつであれ〈われ在り〉は、突き落とされたあなたを引き上げようとしてそこにいる。わたしはまず、あなたを助け起こし、突き落とされた原因を示して、再びあなたを前進させる。そして、あなたが謙虚さを取り戻したあかつきには、わたしの意志、わたしの知性、わたしの愛を意識的に用いることによってあなたに生じる力は、**わたしへの**奉仕にだけ使うことを許され、個人的な目的で使うことはまったく許されないということを、あなたに示すだろう。

あなたの身体の細胞や腕の筋肉が、あなたの意志から分離した意志をもつもの、あなたの知性から分離した知性をもつものとしてふるまおう、などと考えるだろうか?

いや、それらは、あなたの意志、あなたの知性以外は知らないのだ。

いずれあなたは、あなた自身がわたしの身体のひとつの細胞にすぎないと気づくだろう。すなわち、あなたの意志はあなたのものではなく、わたしのもので、あなたのもつ意識や知性もすべてわたしのものだと気づくだろう。そして、あなたという個人など存在せず、人間の脳をもつ肉体にすぎないあなたという存在をわたしが創造したのは、あるイデアを物質として表現するためであり、その特有の形態を通してのみ最もうまく表現できる、ある局面を表すためであったことに気づくだろう。

今は、これらすべてのことを受け入れるのは難しいだろう。そんなことはありえないと、あなたは強く反発するかもしれない。あなたの本能的な衝動は、見ず知らずの力にあなた自身を明け渡し、従属することに反発を覚えるだろう。それがいかに非個人的な、聖なる力であったとしても。

怖れることはない。そのように反発するのはあなたの人格にすぎない。あなたがわたしの言葉に従い、学び続けるならば、まもなくすべてがはっきりするだろう。そして、今の段階では理解することのできない多くのすばらしい真理へと、わたしは確実にあなたの内なる理解を広げてゆくだろう。あなたの魂は喜び、楽しげな讃歌をうたい、これらの言葉がもたらしてくれるメッセージを祝福することだろう。

5 鍵

さて、あなたはまだ、〈われ在り〉を知ってはいないかもしれない。また、〈われ在り〉が実はあなたであることや、あなたの兄弟姉妹でもあること、さらには、あなたがたは誰もがわたしの一部であり、**わたしとひとつ**だということを信じていないかもしれない。

あなたや、あなたの兄弟姉妹の魂・、つまり、死すべき運命にあるあなたがたの中にあって、唯一、真実であり不滅である部分は、**自然**というものの中で表される**わたし**の異なる局面にすぎないということに、あなたはまだ気づいていないかもしれない。

同じように、死すべき肉体や、心、知性を備えたあなたの人間としての人格が、人間の本性のひとつの局面であるように、あなたや、あなたの兄弟姉妹が、わたしの聖なる本性の局面、もしくは属性であることに、あなたは気づいていないかもしれない。

そう、あなたはまだ理解していないが、今、このことについて語っておこう。そうすることで、それらがあなたの意識の内に現れ始めたときに、その兆候があなたにわかるように。そして、それは確実に起こることなのだ。

その兆候を認識できるようになるには、これから述べることすべてについて熟考し、検討し、そして、わたしの意図が少なくともある程度、理解されるまでは次に進んではならない。

ひとたび、わたしがここで述べる原理を完全にあなたが理解したならば、わたしのメッセージのすべてが明白に理解されるだろう。

最初に、わたしという存在の秘密をあなたの目から隠している、あらゆる謎を解き明かすための鍵(キー)をあなたに授けよう。

この**鍵**の使い方がわかれば、それは天上と地上にある、あらゆる**智慧**とあらゆる**力**への扉を開くだろう。そう、それは天の王国へと続く扉を開き、あなたはそこに足を踏み入れるだけで、意識的に**わたしとひとつ**になるのだ。

その鍵とは、

「**思考する**ことは、**創造する**ことである」

あるいは、

「あなたが**ハート**の中で**思考する**と、あなたにとってそのようになる」

ここで立ち止まり、このことについて瞑想しなさい。あなたの心に、これがしっかりと据(す)えられるように。

思考する者は、創造する者だ。

思考する者は、その者自身の意識的な創造の世界に住んでいる。

いかに「思考する」かがわかれば、あなたは思いのままに、望むものを何でも創造することができる——新しい人格であれ、新しい環境であれ、新しい世界であれ。

この鍵によって隠され、コントロールされている真理を、あなたがいくらかは垣間見ることができるかどうか、試してみよう。

すべての意識がひとつであり、わたしの意識であることは、すでに示された。そして、それは、あなたの意識であり、動物や、植物や、鉱物や、目に見えないほど小さな細胞の意識であるということも。

あなたは、この意識がいかにしてわたしの意志によってコントロールされているかを見てきた。その意志は、わたしがそれらを通して表れ出たいと願っている、さまざまな知性の中枢による表現とその使用のために、見えない細胞同士を結合させ、多様な器官を形成する。

しかし、あなたにはまだ、自分の身体細胞の意識をあなたがどのように導き、コントロールすればよいかが理解できていないし、他の者の身体細胞に関しては、言うまでもない。あなたとわたし、そしてそれらすべては、意識と知性において、すべてひとつであるにもかかわらず。

だが、次に述べることに特別な注意を払えば、あなたは今すぐに、これを理解できるかもしれない。

あなたはこれまで、意識とは何であるかを解き明かすために、必死の努力をしたことがあるだろうか。それ自体に潜在し、密接な関わりをもつ何らかの力に仕え、導かれ、活用されることを待ちわびる、意識の非個人的な状態とはどのようなものなのだろうか。

それ自体に内在するこの力によって導かれ、利用される、そのような意識をもつ人間は、ただの最も高等な生命体にすぎないのだろうか？

人間の意識や、他のあらゆる意識に潜在するその力とは、意志、つまり、わたしの意志に他ならないのではないだろうか？ なぜなら、あなたも知っているように、すべての力はわたしの意志の顕れに他ならないのだから。

さて、あなたは、はじまりにおいて、わたしが「わたしのイメージをかたどり、わたしに似せて」人間を創造し、その者に生命の息を吹き込んだところ、彼は生きる魂となった、と耳にしたことがあるはずだ。

人間を、わたしのイメージをかたどり、わたしに似せて創造することによって、わたしは、あらゆるわたしの意識と、あらゆるわたしの意志を表現できる生命体を創造した。それは、わたしの力、わたしの知性、わたしの愛もすべて同じように、ということだ。わたし自身の完璧さをかたどったがゆえに、わたしは、はじまりのときから、人間を完璧に創造したのだ。

わたしが人間の身体にわたしの息を吹き込んだときから、その者はわたしとともに生きることになった。なぜなら、その者にわたしの意志を吹き込んだのはわたしであり——それは外部からではなく内側からだが——常に〈われ在り〉が存在する、内なる天の王国からそうしたからだ。以来、わたしは、人間の内側にとどまり、呼吸し、わたしの存在を保持するようになった。なぜなら、ただそのためだけに、わたしは彼（人間）を、わたしのイメージをかたどり、わたしに似せて創造したのだから。

その証拠に、人間は自分自身で呼吸することはなく、できもしない。彼の意識よりもはるかに高尚で本質的な自己が、彼の体内に生息し、肺を通じて呼吸しているのだ。彼の体内にある強大な力が、肺をそのように使い、同じように、肺を通して吸い込んだ生気を含む血液を身体細胞のすべてに行き渡らせるために、心臓を動かしている。また、胃や他の臓器を働かせ、血液や組織、毛や骨をつくるために、食物を消化、吸収させてもいる。さらには、脳や舌、手足を用いて思考させ、語らせ、人間の為すことのすべてをさせている。

その力とは、人間の内に**存在し**、**生きている**、わたしの意志だ。したがって、人間が何ものであろうと、〈**われ在り**〉が存在するのであり、人が、あるいはあなたが何をしようと、わたしがするのであり、また、あなたが何を話し、何を思考しようとも、あなたという生命体を通してそれを話し、思考しているのはわたしなのだ。

あなたはまた、はじまりにおいて**わたしの息**を吹き込まれたとき、人間は地上の王国すべてを統治する権限を与えられたと聞いたことがあるだろう。これが意味するのは、彼（人間）が大地や海、大気、そしてエーテルの主に据えられたということだ。そして、王国に住む、すべての生きとし生けるものが彼に敬意を払い、彼の意志に服することになった。

これは自然にそうなったのだ。なぜなら、人間の意識の内にあり、またすべての意識の内にある〈**われ在り**〉は、常に**わたしの意志**を顕している。そして、人間という生命体の主であり支配者である〈**われ在り**〉は、意識を宿らせているすべての生命体の主であり支配者なのだから。すべての**意識**は**わたしの意識**であり、**それは**命あるものすべてに宿っている。そして、命の宿らない実体など存在しないのだから、**わたしの意識**は至るところに存在し、大地、水、風、火、つまりはすべての空間を満たしているはずだ。実際、それは空間であり、人間が宇宙と呼ぶものだ。

このようにして、あらゆる意識に潜在する力であるわたしの意志は、すべての場所に行き渡る。それゆえ、わたしの意志の一焦点にすぎない人間の意志もまた、同じようにすべての場所に行き渡る。よって、彼自身を含む、あらゆる生命体の意識は、人間の指導とコントロールのもとにあるのだ。

彼にとって必要なのは、意識的にこれに気づくことだけだ。つまり、彼の内なる非個人的な自己である〈われ在り〉が、あらゆる生命体の意識を、彼の人生の毎日、毎瞬において、常に導き、コントロールし、動かしていると気づくことだけなのだ。

〈われ在り〉は、これを、彼の思考を通して行っている。

〈われ在り〉は、人という生命体とともに、また人という生命体を通して、これを行っている。

人は、彼自身が思考していると考える。しかし、それはわたしであり、彼の中の本当のわたしが、彼という生命体を通して思考しているのだ。この思考と、彼の発する言葉を通して、わたしは人が行うことすべてを成し遂げ、そして、人と、人の世界を今あるように形づくっているのだ。

人とその世界が、彼が想定するようなものではないとしても、たいした違いはない。それらは、わたしの目的にかなうよう、わたしが創造した通りに存在するのだ。

しかし、わたしがすべての思考を行うならば、人間は思考せず、思考できないのではないのか、とあなたは問うだろう。

そう、ここに神秘があるようだ。だが、以下に続くことをあなたが注意深く考察するならば、その神秘は明らかにされるだろう。

〈われ在り〉は今から、あなたが——人が——いかに思考するのかを教えよう。

6　思考と創造

わたしは、人が思考することはなく、彼の思考を行っているのは、その人の内なるわたしだと言った。

わたしはまた、人は、彼自身が思考していると考えている、とも言った。

これは矛盾しているように見えるため、あなたに伝える必要があるだろう。つまり、人は通常、自分がやっていると思っていること以外は何もやっていないのと同じように、何も思考してはいない。

なぜなら、その人の内なるわたしが、彼の行うことのすべてを行っているのだから。しかし、わたしにはそうする必要があって、彼という生命体、人格、身体、精神、魂を通して、それを行っているのだ。

このようなことが、いかにしてありうるのかを説明しよう。

まず、わたしが、わたしのイメージをかたどり、わたしに似せてあなたを創造し、あなたの内側にわたしの存在を保持していると認識できるようにしなさい。あなたがもし今、このことを理解せず、〈われ在り〉、すなわち神は、あなたの外側に存在し、あなたとわたしは分離していると信じているのだとしても、さしあたりは、あなたの内なる〈われ在り〉をイメージしてみることだ。

次に、あなたが思考しているときに行っていることは本当の思考ではないと認識しなさい。なぜなら、それは意識的な思考ではないのだから。つまり、あなたはわたし――あなたの心に浮かぶ、あらゆる観念や思考を吹き込み、監督する者――を意識していないのだから。

先を続けよう。〈われ在り〉はあなたの内側にあり、あなたはわたしのイメージをかたどり、わたしに似せて創られており、それゆえわたしの能力をすべて受け継いでいるのだから、あなたには思考する力があるということを認識しなさい。しかし、思考とは創造であること、あなたが用いているのはわたしの聖なる力であることを意識していないために、あなたは、生涯にわたって思考してきたが、それはすべて間違った思考、もしくは過ちとも言える思考だったのだ。

そして、この誤った思考――あなたがそのような間違ったやり方でわたしの力を用いていることを知らずにいる状態――は、意識において、あなたをわたしからますます遠ざけてきた。しかし、その間もずっと、わたしの目的は果たされてきたのであり、それは後にあなたにも明らかにされることだ。

その証拠に、あなたはわたしから離れて、物質の世界に住んでおり、あなたの肉体が喜びや痛みを生み出し、それらを抱くのだと考えている。そして、悪魔と呼ばれる邪悪な勢力が、わたしの意志に反してこの世に現れるのだとも。

そう、あなたはどれもその通りだと考えている。

実際、あなたにとってはそうなのだ。人間の死すべき意識にとって、すべての物事は、彼が考え、信じる通りであるからだ。

同じように、わたしは、それらのものが人間の前に、その者が考える通りに現れるようにしてきた。これもまた、わたしの目的にかなうことであり、創造の法則を満たしている。

これが本当かどうか、見てみよう。

あなたが、ある事柄について、こうであると信じるとき、それはあなたにとって、本当にそうなのではないだろうか。

いわゆる罪や悪、悲しみや悩み、心配といった類のものが、あなたにとって真実であるように見えるのは、単に、あなたの思考や信念が、それをそのように仕立て上げているからではないだろうか。他の人は、その出来事をまったく違ったものと見て、あなたの見方を馬鹿げていると思うかもしれない。そうではないのか？

これがその通りであるならば、あなたの身体、人格、個性、環境、世界は、あなたにとってそのように見えているもの、ということになる。なぜなら、あなたが、それらを今ある状態になるよう思考したのだから。

ということは、あなたは同じプロセスによってそれらを変化させることができる。気に入らなければ、そうあるようにと考えることによって、それらを何にでも変えることができるのだ。そうではないのか？

しかし、この変化をもたらすために、どのように本当の思考、つまり意識的な思考をすればよいのだろう、とあなたは尋ねるだろう。

まず、知りなさい。あなたの本当の自己であるわたしが、あなたを不快にさせているこれらの事柄、つまり、あなたにとって、今はそう見える通りであるとあなたに思わせる事柄に、意図的にあなたの注意を向けさせているのだということを。〈われ在り〉であるわたしだけが、あなたの人間としての心にこのような準備をさせているのであり、あなたが内なるわたしに信頼と確信をもって向き直ったときには、現状では不満足に思われるこれらの事柄の真実を外に現して、あなたの目に触れさせることができるのだ。

というのは、外面的な見せかけによってあなたの人間としての心を惹きつけ、世俗的な探求へとおびき寄せるあらゆるものをもたらしたのは、わたしだからだ。人間の心に映る、物質的な事象の外面的な現れは幻想であり、人間の理解は不完全だということを教えるために。こうして、あなたはついに、一なる唯一の解釈者、ガイドとしての内なるわたしとわたしの智慧へと向かうことになるだろう。

そのようにして、あなたが内なるわたしに向き直ったとき、わたしはあなたの目を開かせる。

そして、あなたが思考に変化をもたらすことができるとしたら、その唯一の方法とは、まずはあなたが今、あるべき姿ではないと見なしている物事に対する、あなたの態度を変えることだとあなたに理解させるだろう。

すなわち、それらがもし、あなたの意に沿わない不快なもので、身体の不調や心の動揺といった影響をあなたに与えるのなら、——それらが影響を与えたり動揺させたりできる、と考えるのをやめたらどうだろう?

というのは、いったい誰が主人なのか?——あなたの身体、あなたの心、それとも、あなた、つまり、内なる〈われ在り〉なのか?

そうであるなら、あなたが主人だということを示してはどうだろうか。あなたの内なる〈われ在り〉があなたに思考してほしいと望んでいる、真の事柄を思考することによって。

それ以外のものがそうした影響力をもつとしたら、それは、あなたがそれらのことを思考し、そのような調和を欠いた思考が心に入り込むのを許し、あなたに影響を与えたり邪魔したりするような力をそれらに与えているからに他ならない。あなたが思考をとめて、それらに力を与えるのをやめ、内なるわたしに向き直り、わたしにあなたの思考を導かせるなら、それらは瞬時にあなたの意識から姿を消し、無に帰すだろう。その無から、あなたはあなたの思考によってそれらを作り出していたからだ。

あなたにそうする気があるなら、そのとき、そのときにだけ、あなたには真理を受け入れる準備が整うのだ。わたしによって導かれた、正しい、意識的な思考によって、内なるわたしがあなたに創造してほしいと望んでいる、真実かつ不滅のものを創造する準備が。

そうして、あなたが真実と偽物、本物と見せかけを識別することができたとき、あなたの意識的思考は、あなたが望むすべてを創造する力をもつことだろう。あなたの無意識の思考が、かつてあなたが望み、今では不快となったものを創造してきたように。

というのも、あなたの無意識の思考、もしくは、あなたの願望があなたの創造力を支配していることに無自覚だった思考によって、今、あなたの世界とあなたの人生は、過去のあるときにあなたが望んだようになっているのだ。

可能性に満ちた、ある新しいイデア*が生まれるとき、あなたの心がどのように作用するのか、そのプロセスについて、あなたはこれまでに研究したり、分析したりしたことがあるだろうか。

願望が、そのようなイデアとどのような関係にあるのか、そしてイデアが、**思考を通して**、いかに実現するのかについて、何か気づいたことはあるだろうか。

その関係性やプロセスについて見ていくことにしよう。

常に、はじめにイデアがある。この時点では、それが出現する必要性やきっかけに関心が払われることはない。イデアがどこから来たのか、つまり、内側からなのか、外側からなのかは問題ではない。なぜなら、それぞれの瞬間にあなたの意識に印象づけるようイデアに働きかけているのは、常に**わたし**なのだから。

それから、あなたが静かになり、そのイデアに焦点が定まってくる程度に応じて、あなたの心のあらゆる活動が静まり、あなたの意識から他の思いつきや思考が消えてゆくと、そのイデアは十分な影響力をもつことになる。そうして、わたしは、あなたの心を啓発し、そのイデアに含まれている、さまざまな側面や可能性が、あなたの精神的なまなざしの前に開示されるようにする。

しかしながら、ここまでは、あなたの意志とは関係なく起こる。イデアにあなたの焦点を定め、注意を向けること以外は。

さて、ひとたび、わたしがあなたの人間としての心に、それが起こりうるという見通しを与え、あなたの関心を引いたなら、次は、あなたの人間として人格が、その仕事を引き継ぐことになる。というのも、そのイデアは、わたしが創造し、あなたの心にもたらしたのであり、そのイデアをそこに結実させ、願望を生み出したのもわたしだからだ。願望とはつまり、そのイデアのあらゆる可能性を外在化させることだが、こうして願望は、わたしの意志の現世的な代行者となり、原動力となる。それは人間としての人格が、その力を制限し、それに焦点を定めるための一時的な道具にすぎないのと同じことだ。

そうだ、すべての思いつきと願望は、そのようにしてわたしから生じた。それらはわたしのイデアであり、わたしの願望だ。あなたを通して、それらが外界に顕現するように、わたしがそれらをあなたの心(マインド)とハートに吹き込んだのだ。

あなたが自分自身で何かを思いつくことはなく、わたし以外に由来する願望をもつこともありえない。というのも、〈われ在り〉が存在するすべてなのだから。したがって、すべての願望は善であり、このことが確実に理解されたとき、迅速かつ完璧な成就がもたらされるのだ。

あなたは、内側からのわたしの願望やわたしの衝動を誤って解釈し、それらをあなた自身の利己的な目的のために使おうとするだろう。そうすることを許しながらも、それでもなお、それらはわたしの目的を満たす。なぜなら、あなたにわたしの贈り物を誤用させること、そして、そのような誤用がもたらす苦しみによってのみ、わたしはあなたを、わたしのイデアを完璧に表現するためにわたしが必要としている、無私の、清らかなチャネルにできるからだ。

ということは、つまり、まず心の中にイデアがあり、その次に、イデアを外界に顕現しようとする**願望**が生じるのだ。

これらの関わりについてはここまでとしよう。次は、実現のプロセスについてだ。

心の内に保持されるイデアの輪郭がどれほど明白で、そして、イデアがどの程度、人格を所有しているかに応じて、創造の**力**は、**願望**によって駆り立てられ、仕事を押し進める。これは、人間の精神に、考え出させたり(think out)、想像したり(image = image in)するよう働きかけることによって行われる。言い換えれば、真空に注ぎ込むように、イデアの、**非個人的**で、根源的で、生き生きとした実質を注ぎ込むことのできる、精神の型を構築するということだ。**言葉**が発せられたとき、それが沈黙のうちにであれ、聞き取れるものであれ、意識的もしくは無意識的なものであれ、その実質はすぐさま**それ自身**を具現化する。それはまず、意識と、心と身体のすべての活動、そしてまた、イデアに結びつき、関係しているすべての心とすべての身体を指揮し、コントロールすることから始まる。——ここで忘れてはならないのは、すべての意識、すべての心、すべての身体は、わたしのものであり、分離しておらず、ひとつであり、完全に非個人的であるということだ。そして次に、状況、物事、出来事を引きつけ、導き、形づくり、整えることによって、イデアは遅かれ早かれ、明確で具体的な顕現へと至る。

したがって、これまでに生じた、あらゆる物事、あらゆる状況、あらゆる出来事は、最初は心の中のイデアであった。それらは、願望によって、**思考**によって、言葉を発することによって、目に見えるものとして顕現したのだ。

このことについてよく考え、自分自身で解明しなさい。

その気があれば、できるはずだ。どんなイデアでもいいから、ひとつ取り上げ、これまで述べたプロセスをたどり、気づきへと至らせればよい。もしくは、あなたが成し遂げた、何らかの偉業の軌跡をたどってもよいだろう。あなたの描いた絵、あなたが発明した機械、あるいは、現存しているどのような物事や状況でもよいから、その源であるイデアまで遡ってみることだ。

これが、あらゆる真の思考、つまり、あらゆる**創造**の計画とプロセスなのだ。

聴きなさい！　**あなたは**今も、そして今までもずっと、思考の力を通して、この地上の王国を統治してきた。このことを理解したならば、あなたは今、この瞬間、ただ**思考**し、**言葉を発する**だけでよいのだ――あなた自身の力への気づき、そしてまた、わたし、すなわち**神**であり、**全知**であり、**遍在**し、**全能である**、あなたの**自己**が結果をもたらすのだという気づきとともに。――そして、あなたの意志と注意が向けられている、あらゆる物質の見えざる基礎組織（細胞）の中で待ちかまえている意識は――この意識は**わたし**の意識であることを思い出しなさい――あなたが思考することによって準備したイメージと計画にただちに従い、それを正確に実行し始めるだろう。

というのも、あらゆる物事は**言葉**によって創造されたのであり、言葉なしでは、過去に創造された何ものであれ、創造されることはなかったからだ。

あなたがひとたびこのことに気づき、あなたの内なる〈**われ在り**〉の**意識**がすべての生きとし生けるもの、および、そうでないものの意識とひとつであると知りえたならば、そしてまた、その意志とあなたの意志、つまり、わたしの意志はひとつであると知り、さらには、あなたのあらゆる願望はわたしの願望であることを理解したならば、そのときには、あなたは内なるわたしを知り、感じ始めるだろう。そして、あなたを通して、それ自身を非個人的に絶え間なく表現している、わたしのイデアの力と栄光をはっきりと認識することだろう。

しかしながら、何よりもまず必要なのは、いかにして思考するかを学ぶことだ。わたしによって導かれるあなたの思考を、それ以外の思考からどのように区別するのか、そして、どのように思考の源をたどって、好ましくないものを思いのままに意識から消去すればよいのかを学ぶことだ。そしてついには、どのようにあなたの願望を意のままに操り、活用すればよいのかを学ぶのだ。こうして、あなたという存在はそれらの虜になることはなく、それらが常にあなたに仕えることになるのだ。

あなたはあらゆる可能性をあなたの内に宿している。というのも、〈われ在り〉がそこにあるからだ。わたしのイデアは表現しなければならず、それは、あなたを通して行わなければならない。イデアは、それ自身を完璧に表現するだろう。――あなたが、それを許しさえすれば。あなたが人間としての心を静め、個人的な考えや信念、意見を脇に置き、それらを流れ去るがままにするならば。あなたがなすべきことはただ、内なるわたしに向かい、そして、あなたの願望や思考をわたしにゆだね、わたしが意志するどんなことであれわたしに表現させ、わたしがあなたにしてほしいと望むことを個人的に受け入れ、行うことだけだ。そうすれば、あなたの望みは成就し、人生は大いなる調和を生み、あなたの世界は天国となって、あなたの自己はわたしの自己とひとつになるだろう。

あなたがこれを理解し始め、その内なる意味をいくらかでも垣間見ることができたならば、このあとに続くことの真意をつかみとる準備もできるだろう。

＊イデア：プラトン哲学の概念で、人間の知覚によっては知ることのできない実在を指すが、ここでは、英語のアイデア、着想、思いつき、観念、概念の意味も含む。

7 言葉*

わたしたちは今、**鍵**を手にしている。さあ、先ほど説明した計画とプロセスが、世界を存在へと導いたものと、いかに同じであるかをあなたに示すことにしよう。そして、地上と、あなたとあなたの兄弟姉妹を含む、そこに存在するすべてのものが、いかにイデア——わたしのイデア——の外的な顕現に他ならないかということを。それは今、思考されて、生命を表現しているのだ。

創造主であるわたしこそが、原初の**思考者**であり、唯一無二の**思考者**だ。

まず、それを知りなさい。

先に述べたように、人間は思考しない。彼という生命体を通して思考しているのは、この**わたし**だ。

人間は、自分が思考していると思い込んでいる。しかし、その者が目覚めて、内なる**わたし**を充分に理解しないうちは、**わたし**が彼の心に引き寄せたり吹き込んだりした思考を受け取るだけだ。そして、その本当の意味や目的を誤解して、自分なりの解釈を作り上げてしまう。そのようにして生じた利己的な欲求によって、彼は自分自身であらゆるトラブルを創り出し、自らにあらゆる苦悩を引き起こす。

このような人間の過ちや誤解、干渉のように見えるものは、実際には彼が克服すべき障害にすぎない。人間はその克服を通じて、ついには身体と精神を強く清浄なものとし、人間の魂の中で永遠の活動を続けている**わたし**のイデアを完璧に、意識的に表現できるようになる。

したがって、人間とは、こうして**〈われ在り〉**が、**わたし**のイデアの完璧さを具現化するために準備した生命体にすぎないのだ。人は、その身体と精神、知能を備えた人格をわたしに提供し、わたしはそれを使って、このイデアを完璧に表現する。彼はまた、物理的な脳を提供し、それによってわたしは、イデアを思考して語り、外界に顕現させることができるのだ。

わたしは、人間の脳にイデアを植えつける。それがどのようなイデアであってもだ。イデアは成長し、すばやく熟して、完全な形で外界において結実し、具現化する。人間がただそのようにゆだね、心（マインド）とその思考のすべて、ハートとその願いのすべてを完璧にわたしに明け渡し、そのイデアの完全な成就として、わたしが現れ出ることを許しさえするならばだ。

わたしは今、あなたの脳‐心（マインド）にひとつのイデアを植えつける。あなたが**わたし**に、あなたを通じて、その成長と表現を導かせてくれるならば、それは成長し、あなたを待ち受けている、輝かしい智慧となって結実するだろう。

わたしの他の啓示書のひとつである、聖書と呼ばれる本の中で、あなたは「言葉」について聞かされてきたことだろう。しかし、最も学識ある聖書学者であっても、わたしの意図を理解している者はごくわずかだ。

あなたは、このように伝えられてきた。

「はじめに言葉があった、言葉は神とともにあった、言葉は神であった」

「言葉は、はじめに神とともにあった」

「すべてのものは神によって――言葉によって――創造された。そして、神――言葉――なしに創造されたものは何ひとつなかった」

あなたはこれによって、わたしの言葉がいかにはじめから存在していたのか、いかにそれがわたしとともにあったのか、そして、いかにそれがわたし、すなわちわたしの自己であったのかを知ることだろう。また、いかにして万物がわたしとわたしの言葉によって創造されたのか、そして、わたしとわたしの言葉なくしては、いま存在するものは何も創造されなかったということを知るだろう。

さて、人間が理解するところでは、ある言葉は何らかのイデアのひとつの象徴だ。すなわち、言葉はイデアを意味し、体現し、表象する。

もし、あなたにも理解できるのなら、あなたはひとつの言葉であり、イデアの象徴だ。これは、一粒のダイヤモンド、一輪のすみれ、一頭の馬についても同じことが言える。

象徴の背後にあるイデアを識別することができたとき、あなたは魂、つまり、ひとりの人間、一粒のダイヤモンド、一輪のすみれ、一頭の馬として見えている顕現の真実を知ることだろう。

したがって、上記の引用にもあるように、ある言葉は何らかのイデアを意味し、たとえ、そのイデアが潜在的かつ言明されていないものだとしても、イデアは何らかの形で表現されること、つまり思考され、言語化されることを待っている。

はじめにわたしとともにあった言葉は、ひとつのイデアであっただけでなく、それは、あなたがたが地上の生活と呼ぶ、新しい状態や条件においてわたしの自己を**表現した**、わたしのイデアでもあった。

このイデアはわたしであり、わたしの**自己**であった。なぜなら、それはわたしの一部であり、依然としてわたしの内に潜在する、顕現していないものであったからだ。そして、それはわたしが**存在**することの実質、精髄であったし、それ自身がひとつのイデア——一なる原初のイデアなのだ。

万物はこのように、わたしのイデアが思考され、語られて表現され、活力が与えられることにより、わたしによって創造されたのだ。そして、存在のための主要かつ根本的な原因と原理であるわたしのイデアなしに、何ものもこの地上に表現されたことはなかったし、これからも表現されることはない。

したがって、今、このわたしのイデアは展開されるプロセス、つまり、思考を通じて具現化されるプロセスにある。これは進化とも呼ばれている。それはあたかも、草花の茎に蕾が生じ、ついには花開くのと同じように、魂の内に秘められたわたしのイデアを表現したいという衝動に従うことなのだ。

このように、わたしは、あらゆるわたしの表現媒体を発達させ、展開する。それらは、ついには統合された完全な形で、わたしのイデアを魂から、その完璧さの栄光のうちに描き出すだろう。

今のところ、それらの媒体はその性質上、最も簡単なものから複雑なものに至るまで、多種多様な言語を必要としている。無限とも言えるほどの言葉が、わたしのイデアを表現するために使われるのだ。

しかし、わたしが、わたしのイデアを完璧に考え出したとき、もしくは、わたしの表現媒体の多くを完璧なものとしたとき、わたしのイデアはあらゆる言葉となって輝き出すだろう。実際、それぞれの言葉はわたしのイデアの完璧な一部、一面であり、真にひとつの言葉となるように選択され、整えられ、**わたしの意図**の崇高な意義を輝かせるだろう。

そうして、あらゆる言語は溶け合い、融合して、ひとつの言語となり、あらゆる**言葉**はひとつの**言葉**となる。すべての媒体は肉体となり、すべての肉体は**ひとつ**の肉体となる。**わたしのイデア**——**わたしの自己**——をひとつの言葉の中に完全に表現するための、今や完璧な媒体となるのだ。

こうして、**わたしの自己**は、これらの完璧な**言葉**によって表現されることが可能となり、その表現媒体を通して——それぞれの人格やその身体、心や知性を通して——輝き出す。そして、**言葉**は肉体となった、もしくは、肉体と**なる**だろう。

これが意味するのは、あらゆる**言葉**は、内なる**わたしのイデア**がもつ再生力によって、肉体を通して進化するということだ。その性質を変え、浄化し、それをとてつもなく透明で純粋なものにすることによって、人格の中には、**非個人的**な表現を妨げるような、地上的な性質のものは何も残らなくなり、その結果、**わたしの自己**は完璧に輝き出し、完全に明らかとなる。このようにして、あらゆる言葉とあらゆる肉体は、再び、ひとつの言葉、すなわち、はじめにあった**言葉**へと融合する。そして、それは、**栄光の太陽、神のキリスト**として、創造されたあらゆる肉体を照らし出すだろう。

これが、**わたしの創造**と、顕在化したあらゆる事象が有する計画と目的なのだ。

わたしの創造、もしくは、**わたしの自己**というわたしのイデアを思考して地上に表現するプロセスについては、以下で取り上げることにしよう。

＊言葉（THE WORD）：新約聖書の「ヨハネによる福音書」の最初の文「はじめに言葉があった。言葉は神とともにあった。言葉は神であった。この言葉ははじめに神とともにあった。すべてのものはこれによってできた。できたもののうち一つとしてこれによらないものはなかった」における言葉を指す。ギリシャ語ではロゴスを指し、ロゴスには理（ことわり）の意味もある。

8　わたしのイデア

地上とそこに存在する生きとし生けるものは、わたしのイデアが外在化したものに他ならない、ということをあなたは学んできた。そして、それは今も、完璧な表現へと向かって思考されるプロセスの中にある。

あなたは、わたしのイデアこそがあらゆる創造物に対する責任を負っていること、そしてそれは、あなた自身やあなたの兄弟姉妹を含む、あらゆる顕現の原因であり理由であるということを見てきた。それらはすべて、唯一の、原初からの思考者であり創造主であるわたしが思考することによって存在を得た。

さてこれから、イデアの軌跡を、その原初から、地上における表現のさまざまな段階をたどって見ていくことにしよう。イデアを現在のような現れ方にしている、わたしの思考のプロセスとともに。

はじめに、新しい宇宙の日の夜が明け、言葉の意識はまさに目覚めたばかりで、宇宙の夜の静けさがいまだ広がっていたとき、**思考者であるわたし**は、わたしのイデアを思いついた。

わたしの**自己**が新しい状態で顕現するという、このわたしのイデアは、地上の表現と呼ばれるものであり、わたしはそれが、わたしの全知の**心**の鏡に完璧に映し出されるのを見た。この鏡の中に、わたしは、本当の**地球**が宇宙の中で美しく輝いているのを見た——それは完璧な球体で、そこでは、あらゆる無限の諸相、わたしの聖なる**本性**がもつ属性や力が、光の天使たち、わたしの**意志**の生きたメッセンジャーたち、肉体となったわたしの言葉を媒介として、永遠の天上の世界と同様に、完璧な表現を見いだしていた。

わたしは、わたしの**自己**が自然として顕在化するのを見た。そして、あらゆる顕現の背後に、生気を与え、発展してゆく原理として、わたしの生命を見た。また、わたしは愛――聖なる創造の力――を、あらゆる生命の背後にある、活気を与え、鼓舞する力として見た。そして、その愛に完璧な表現を与えたいというわたしの願望は、わたしのイデアが誕生するうえでの、潜在的かつ本当の原因であり理由であることを見た。

わたしは、すべてを見、すべてを知るわたしの心に、このすべてが映し出されるのを見た。このわたしの心は、諸物の魂や、その真実（リアリティ）だけを認識し、反映することができる。それゆえ、わたしの心に映し出されたこれこそが、本当の地球であり、つまり、その始まり、その概念が、宇宙的存在となるところだったのだ。

さて、わたしの意識は、すべての宇宙とすべての生命の内なる精髄だ。それは、すべてを理解し、すべてを包括するわたしの心の本質だ。その情報と活力の中枢は至るところにあり、限界も枠もない。わたしの心という王国の中にのみ、わたしは生き、活動し、わたしの存在を保持している。それは万物を包含するとともに、それらを満たしており、その波動と顕現のひとつひとつは、わたしが存在することの、ある側面の表現に他ならない。

「存在すること」(Be-ing) とは、「表に」現し (ex-pressing)、「外に」押し出す (out-pressing) ということだ。表現なしに「存在すること」を、あなたは想像できないだろう。それゆえ、わたし、つまり存在するすべては、常に、絶え間なく表現し続けているのだ。

何を表現しているのか？

〈われ在り〉が存在するすべてであるならば、わたしの自己以外に何を表現できるだろうか。

あなたにはまだ、わたし、すなわち、わたしの自己を理解することはできない。しかし、わたしが、あるイデアをあなたに吹き込めば、あなたにも理解できるだろう。

したがって、〈われ在り〉が存在するすべてであるならば、わたしから直接発信されたそのイデアは、存在や表現における、わたしの自己の一部、一面であるに違いない。

どのようなイデアも、わたしの心という王国の内に生まれたならば、これまで示してきたように、ただちに現実となる。というのも、わたしの存在という永遠性の中では、時間は存在しないからだ。しかしながら、あなたがたにおいては、イデアはまず願望を、つまり、そのイデアを表現したいという願望を生み出す。そして、願望が思考を駆り立て、思考は行動を生じさせ、行動は結果――つまり、イデアが外界に現れ出たもの――をもたらす。

真実（リアリティ）においては、わたしには願望はない。というのも、〈われ在り〉とは万物であり、万物はわたしに属するのだから。ただ思考し、言葉を発するだけで、わたしは結果を生み出すことができるのだ。

しかし、あなたが自らの内に抱く願望は、わたしに由来する。なぜなら、それはわたしのイデアから生じたものであり、わたしがそれを、あなたを通して表現される可能性のあるものとして、あなたの心に植えつけたからだ。事実、あなたが何を望んだとしても、それは、わたしが、あなたの心の扉をノックして、その願望が示唆する特定の形で、あなたの内に、あるいは、あなたを通して、わたしの自己を顕現させるというわたしの目的を告げているのだ。

人間としての人格の内にある願望と呼ばれるものは、わたしのイデアの表現を、外的な顕現あるいは存在へと押し出すうえで必要な、わたしの意志による行為に他ならない。

あなたにとって、わたしの中の表現欲求のように見えるものは、わたしの自己というわたしのイデアが存在し、それ自身を表現することの必要性に他ならない。

したがって、あなたが感じる本当の願望、あなたのハートが抱く願望はすべて、わたしに由来し、それらは、いつか何らかの形で実現されなければならないのだ。

しかしながら、〈われ在り〉は万物であるがゆえに、わたしには何の願望もない。そのため、かつて新しい形でわたしの自己を表現するというイデアが生まれたとき、わたしには思考する以外になく、つまり、わたしの注意をわたしのイデアに集中し、それが表現されるよう意志する他はなかった。また、わたしの別の啓示で述べたように、創造の言葉を発し、そして、わたしの存在という宇宙的な力が、わたしの意志を集中することによって振動を開始し、必要な要素をわたしの心の無尽蔵の宝庫から引き寄せることへと進む他はなかったのだ。そして、わたしのイデアを核として、その周りにそれらの要素を結合させ、惑星の思考形態とも呼ばれるものを形づくった。それをわたしの生命という実質――わたしの意識――で満たし、それにわたしの存在がもつすべての可能性を授けたのだ。

この思考するという行為は、ひとつの惑星という活性化された思考形態を生み出したにすぎない。そして、その顕現は、思考領域においてはまだ漠然とした状態にあった。

しかしながら、この思考形態から、内なるイデアの活性化する力は、わたしの意志がそのうえに注がれることによって、生命的実体のさまざまな要素をもつ物質の鋳型を作り、それを形成し、徐々に固体化させていった。それは、わたしのイデアがついに、目に見える形態の世界に物質として顕現し、地球という惑星となって輝き出すまで続いた。この地球は、生きた表現がいつでも可能な媒体であり、今や、わたしを包含するとともに、表現することも可能となったのだ。

これは、わたしの思考によって用意された物質的な身体であった。そこにはすでに、内なるわたしのイデアの伝達力によって、わたしの存在の、ありとあらゆる潜在的性質が宿っていた。

その次の段階は、わたしのイデアの多様な局面や潜在力を表現できる手段や媒体を発達させ、準備することだった。

このことを示す外的な証拠といえば、鉱物や植物、動物の世界として知られるものだ。これらは、それぞれが順に具現化し、次第に、より高度で複雑な意識状態を展開していった。こうしてわたしは、わたしの本性の無限の諸相と多様性をより明らかに表現することが可能となったのだ。

別の啓示で述べたように、わたしがわたしの創造物を見たのは、この段階においてだ。そして、わたしはそれを見て、よしとした。

しかし、まだ最後の、クライマックスとなる表現媒体が残されていた。

ここまで、それぞれのものはわたしの本性の何らかの局面を完璧に表現してはいたが、存在していた媒体や手段は、どれもまだわたしを意識してはいなかった。それらはただ、熱や光、力を伝達するワイヤーと同じような表現媒体にすぎなかった。

だが、**わたしの聖なる属性**にとって、**意識的**な表現が可能となる媒体を創造するための条件は整っていた。意識的というのは、わたしとの関わりにおいてだけでなく、わたしのイデアを表現する能力と力においてだ。

そのときこそが、あなたとあなたの兄弟姉妹が、人間という表現をもって誕生した瞬間だった。わたしの集中的な思考に応じるかたちで、他のすべての媒体と同じように、あなたがたは顕現したのだ。その中でわたしは、わたしの属性を有する無限の多様性が実体をもって表現されるのを見た。そのひとつひとつは、わたしの存在の、ある何らかの局面を優位に表しており、それぞれが、創造者であり表現者であるわたしを意識していた。

わたしはあなたがたを完璧な表現の中に見た。今でも、わたしはあなた――本当のあなた、わたしの自己の属性――を完璧と見ている。

真実(リアリティ)においては、あなたは光の天使であり、わたしの思考の光線であり、わたしという存在の属性だ。地球という条件下に生を受けた目的は（それは目的などではまったくなく、わたしの存在による必然なのだが）、わたしのイデアを最終的に、完全に表現すること以外にはない。

永遠の領域には、時間も空間も個性もない。時間、空間、個性という幻想が生じるのは、思考が心という胎内から物質の世界に誕生するという現象によるもので、その思考、つまり創造物は、その思考者や創造主から分離しているという意識を獲得する。

こうして、あなた自身がわたしから分離していると考える傾向が生まれた。それからずっと後になって、分離という完全な意識が築かれた。

はじめに、あなたがこうして地球という表現世界に入ったとき、あなたは、わたしが集中的な思考を通して送り込んだ衝動に従っていた。わたしの属性のひとつであるあなたは、わたしの自己というわたしのイデアをあなた固有の属性として表現するために、あなたの自己をわたしのイデアで包み、身にまとった。あなたは、そのイデアに生命を吹き込む力なのだ。

別の言い方をするなら、その固有の属性を表現しているわたしの自己というわたしのイデアは、そのとき、あなたに固有の表現である魂となった。しかし、そのイデアや魂は、あなたではないということを忘れないように。というのも、あなたはまさにわたしの一部であり、あなたは、その固有の属性という媒体を通じて表現される、わたしの自己だからだ。

わたしのイデアをあなたの自己にまとわせたのち、このイデアは、それ自身の存在のために必要なこととして、ただちに、その固有の属性を表現するのに不可欠な思考の実体を引き寄せ始めた。そして、わたしのイメージをかたどり、わたしに似せて、形を整え始めた。このようにして、それはわたしの生きた臨在で満たされた、聖なる神殿となった。なぜなら、そこに宿るのは、わたしの聖なる属性のひとつであるあなたなのだから。

この神殿は、わたしのイメージをかたどり、わたしに似せた、わたしの思考の実体から成るものであり、わたしのイデアを包み、身にまとっているのだが、この神殿が、あなたの本当の身体なのだ。それゆえ、それは不滅で、永遠で、完璧だ。それは、わたしの完璧にイメージされた（imagined = imaged in）思考であり、そこにはわたしの生きる精髄（エッセンス）があり、それは外的に表現され、具体的な形態を帯びるときを待っているのだ。

これまでに見てきたのは——

1．〈われ在り〉は、わたしの聖なる属性のひとつであるあなたとして顕れている。

2．あなたというわたしのイデアは、わたしの属性のひとつであり、地球の諸状況——あるいは、あなたの魂に顕れている。

3．あなたをイメージするわたしの思考は、あなたの魂という神殿——あなたが宿るあなたの魂の身体——を形づくっている。

これら三つが、あなたの聖なる、非個人的な部分、不滅の、三位一体のあなたを創り上げているのだ。あなたという、潜在的ながらも完璧に表現されたわたしの思考――わたしのイメージをかたどり、わたしに似せてつくられたものは、しかし、まだ活性化されておらず、あなたの人間としての人格とのつながりをもってはいない。それはまだ誕生していないのだ。

9　エデンの園

あなたが、これまでに述べたことの意味を明確につかむことができていても、いなくても、理解不能なものとしてそれを捨て去ってはならない。一行一行の中には、理解するために必要な学び以上の、価値ある意味が隠されているからだ。

このメッセージは、あなたが何者なのか、つまり、あなたの真実の自己に気づかせ、目覚めさせるためのものだ。それにより、あなたは再び、わたし、つまり、あなたの聖なる自己を意識するようになり、他のもうひとつの自己に二度と騙されなくなるだろう。この、もうひとつの自己とは、あなたがあなたであるとイメージしてきた自己であり、満たされることのない快楽や精神的な放蕩、感情的な喜びを与えることによって、あなたを長い間、惹きつけてきたものだ。

先に進む前に、もうひとつの自己と思われているものについて、十分に知っておく必要があるだろう。その自己とは、あなたが、それを本物で、わたしからは分離していると考えることによって創造したものであり、あなたを誘惑し、欺くような力を与えることによって生き長らえさせているものだ。そうだ、この自ら創造された自己は、ただ利己的なプライドと、野心、そして想像上の力をもち、人生を愛し、所有すること、賢く善良と思われることを好む——だがそれは、あなたの人間としての人格にすぎず、分離したアイデンティティをもって死ぬためだけに生まれてきたのだ。そのようなものは、木の葉や、雪、雲以上の真実味も、永遠性ももちあわせてはいない。

そうだ。あなたは、この取るに足らない個人的な自己に向き合うことになる。そして、その卑しい身勝手さと人間的なうぬぼれのすべてを、完璧なビジョンをもって見るだろう。そうして、あなたがわたしに向き合い、無垢な誠実さと信頼をもって求めさえすれば、あなたは学ぶことになる。わたし、つまりあなたの中の、無限の、非個人的な部分、常に内在するわたしこそが、そのような人格についてのあらゆる幻想をあなたに指し示しているのだということを。そのような人格が、長い年月にわたって、あなたの意識を、**わたし**、すなわち、あなたの輝かしい**聖なる自己**から隔てていたのだ。

この理解は、あなたが、このメッセージは**わたし**からのものであると認識し、その通りだと確信したとき、必ずやってくる。あなたにそのような確信をもたらしてきた**わたし**は、時間的な幻想をことごとく消滅させるよう働きかけるだろう。そうして、あなたは真理の中で**わたし**を知ることになる。

このような抽象的な文脈であなたの心を動かしたとしても、あなたの害にはならない。むしろ、これこそが、あなたの心が必要としているものだ。というのも、ここに記されているような概念が外側からもたらされ、**わたしの意図**を理解できてはじめて、あなたは、**わたし**が**わたしのイデア**を内側から示したときにそれを受け取り、正しく解釈することができるからだ。**〈われ在り〉**が、あなたの心を**活用**しようとして準備しているのは、地上の知識をより多く得るためではなく、あなたが、**わたしの天上の知識**を受け取り、**わたし**がその目的のためにあなたに引き合わせた人々に向けて、それを発信するためなのだ。

真の認識がもたらされるよう、**わたし**、すなわち、**あなた自身の本当の自己**であるあなたの**天の父**に祈りながら、以下を注意深く読みなさい。

ここまで、わたしのイデアが展開するプロセスについての考察では、あなたの不滅の魂の**身体**、つまり、わたしの思考によって創造された思考のイメージの中に顕れている、あなたという〈**われ在り**〉が、今や実質的な形態――**わたしの属性**を地上で表現するにふさわしい形態――を帯びる準備ができたというところまで話してきた。

この精神的形態から死すべき形態への変化は、あらゆる思考および創造の手順とプロセスを経たのちに起こったものだ。これについては文字通り、聖書に次のように描写されている――「**わたし**は「土の塵にて人を形づくり、その鼻から生命を吹き入れた。そして、人は生ける魂となった*」。

先へ進むとしよう。わたしのイデア（あなたの魂）に内在する、活性化する力は、生物を形成するさまざまな要素（塵）を引き寄せることへと進んだ。そして、原子の一粒一粒、細胞のひとつひとつが形を与えられ、あなたの魂の身体を構成する思考イメージのパターンに沿った、物質的な現実となっていった。こうして、いわば、地上的な外被が形成された――ついには、あなたという死すべき形態が、いわゆる身体感覚としてはまだ現れていないものの、心的感覚においては実際に顕在化したのだ。ここにおいて、あらゆる存在が、今やこの周期のために用意され、わたしの属性であるあなたは、その鼻孔を通して、（内側から）生命の息を吹き込まれた。そうして、あなたは、はじめてこの地上に人間として、生ける魂として姿を現した（わたしのイデアは、今やそれにふさわしい地上の媒体を通して、意識的に表現することが可能となった）。わたしの属性のすべて、わたしの力のすべて、わたしの可能性のすべてを、あなたの自己の内に含むものとして。

こうして、今や、わたしのイデアを地上で表現するための多種多様な媒体が現れた。そして、わたしの属性のひとつであるあなたは、自然と、これらすべての媒体を支配するようになった。つまり、必要とあらば、それらすべてを何であれ、活用する力をもったのだ。あなたの――わたしの属性としての――力と可能性を存分に、そして完璧に表現するために。

ただこのようにして、そしてこのような理由で、あなたとあなたの兄弟姉妹は人間という姿で現れることとなった。人間の姿をもちながらも、あなたがたの表現はまったくの非個人的なものであったために、自らを意識しながらも、あなたがたはまだ完全に、直観とガイダンスを内なるわたしに求めていた。

これが、あなたがたが地上における表現の世界に入り込み、目覚めたときの最初の状態だった。そしてこれが、エデンの状態、もしくはエデンの園での暮らしと呼ばれるものだ。

このエデンの状態とは、非個人的な意識の聖なる局面を表している。つまり、今や死すべき表現媒体として閉じ込められてはいるが、意識のうえでは、あなたがたがまだわたしとひとつであった状態だ。

さて、わたしが何ゆえに（今や人間もしくは人類として現れている）あなたがたをエデンの園から「追い出す」必要があったのかについては、詳細は語らないでおこう。それよりも、地上での表現における欲望の役割や、それとわたしの意志との関わり、そして、どうしてそれが、あなたの関心を外界の事物に集中させ、内なるわたしを忘れさせるのかを思い出させることにしよう。

あなたが、わたしの道理をいくらかでも解明し、理解したならば、おそらくあなたは、あなたがた（人類）を最初に深い眠りに誘い（あなたがたは宇宙の日（昼）と呼ばれるひとつの周期の終わりに近づいた）、すでに目覚めたという夢を見させる必要があったことを理解するだろう。——だが現実には、あなたがたは眠っていたのであり、そして今もまだ眠っている。そして、その日からこれまでにあったすべてのことは、地上での状況や出来事と見なされることも含めて、ひとつの夢にすぎない。あなたがたがその夢から完全に目覚めるのは、あなたがた（人類）が、再び内なるわたしを完全に意識するときだ。——さらに、あなたがた自身（人類）が、外見上、もはやひとつではなく、ふたつであるということを発見する必要もあった。一方は活動的で、思考的で、精力的な役割があり、それゆえに以後、男性と呼ばれるもの、もう一方は受容的、感情的、感受性に富んだ役割がある、子宮をもつもの、女性だ。

そしてまた、人間としての心を発達させ、あなたがたが生来の利己的な性向を通して、あなたがたの地上での使命である人間としての表現に集中できるように、あなたがたの意識を純粋な天上の喜びから引き離し、この新しい夢の状態にとどめるために、これらの地上的な影響力のように見えるものが行使される必要があったことも、あなたは理解するだろう。

そして、この影響力を有するという知識が、利己性という蛇（わたしがあなたがたの心の中でとらせた形）を介して、まずはあなたがたの受容的、感情的、感受性に富んだ部分に欲望を生じさせた。わたしの意志のこの世での代理人である欲望は、地上におけるわたしの属性をさらに、そして完全に表現するための動機と力を供給するためのものだった。

そしてついに、欲望があなたがた（人類）に完璧な魔法の呪文をかけるという必要性が生じ、あなたがたのもつ天上の、非個人的な本性が、深い眠りに落ちることになった。夢の中であなたがたが、自由だが無知なままにわたしの意志を使うことによって、いわゆる善悪の知識の木の実をすっかり味わい尽くすまで。そして、それを口にすることによって、その果実が本当は何なのかを認識できるようになるまで。さらには、そのようにして得た知識を、わたしのイデアを表現することにのみ、賢く、完璧に使用する力を得るまで。

あなたも、おそらく今では、あなたがたの夢の中で、どのようにして、あなたがたがこの偽りの地上の状態に引きつけられ、夢中になっていったのかを理解することができるだろう。すなわち、あなたがたは、最初に果実を食すことによって善と悪を知り、その後、あなたがたに開かれた、この新しい魅惑的な世界を知ってからは、それらすべての背後にある真実（リアリティ）の知識に無頓着になってしまった。さらには、どのように、またどうして、あなたがたが――思考と感情の両面で――裸だと知りえたのか、そしてまた、なぜ、あなたがたがわたしを怖れるようになり、わたしから隠れようとしたのか、そしてその結果、わたしから分離しているという感覚があなたがたの意識の中に芽生えたことも、あなたがたには理解できるだろう。

おそらく、今やあなたがたには、なぜ、このすべてがそうでなければならなかったかがわかるだろう。なぜ、あなたがた（人類）が、肉体を創造して、わたしの完璧さを充分に表現できるような、個人的、つまりは、自己の意識をその内部に発達させるために、非個人的な意識であるエデンの状態から離れて、この**夢**の**世界**という地上の幻想の中で、あなたがたの**自己**を完全に見失わなければならなかったのかを。

このようにして、あなたがたの人間としての人格が生まれた。そして、その誕生以来、わたしは、あなたがたがそれを育み、支え、強化するよう促してきた。憧れや、希望、野心、抱負、そして、あらゆる多様な欲望であなたがたを満たすことによって。それらは、わたしの**意志**の人間的な局面にすぎず、**地上**における**わたし**の**属性**を完璧に表現できる媒体を用意し、発展させるために機能している。

そうして、わたしは**言葉**を**放ち**、あなたがたをエデンの**園**から追い出した。あなたがたを「皮膚という衣」、別の言い方をするなら、他の動物と同じ肉で覆ったのだ。それはさしあたり、あなたがたが**地上**という状況の中心に、つまり本当の**地上**、わたしのイデアにおける**地上**に──あなたがたの**夢**の中のものではなく──入っていけるようにするためであった。そこに内在する**わたし**の**イデア**が活性化され、活発な生命の表現となるように、わたしの**属性**であるあなたがたは、あなたがたの**夢**の中で現れるときの状態にふさわしい生命体と覆いを手に入れなければならなかったのだ。

また、そうやってあなたがたに皮膚という衣を与えるなかで、**わたし**は、**わたし**のイデアにも、**地上における**表現にふさわしい形態を与えた。――特定の生命体を通して、言葉を使うことによって、**わたし**はあなたがたに、**あなたがた**の**自己**を表現する力を与えたのだ。

非個人的な状態では、言葉を使うことも、その必要性もない。イデアだけが存在し、表現する。それらはただ**在る**。というのも、それらは、**わたしという存在**のさまざまな局面の表現だからだ。

しかし、この**夢**の状態では、このような、外的な姿をもち始めた初期段階でのそれぞれの表現は、その意味が明確に理解されるように、聞く、見る、感じる、嗅ぐ、味わうといったことが可能な形態と実体をもたなければならなかった。そこでは当然のことながら、表現することと、表現されたことを理解するという、ふたつの目的のために使用可能な生命体が用意されなければならなかった。

エデンから追放され、わたしのイデアがそれ自身を展開させるにつれ、あなたがたは急激に「増加し、増殖し」始めた。わたしの聖なる属性のひとつであるあなたがたは、その属性を表現するわたしのイデアの内に宿り、さらには、わたしの自己の思考イメージの内に宿りながらも、わたしの意図を表現したいという願望を装ったわたしの意志に突き動かされて、ついには地上的な言葉となって外に現れた。

あなたがたは、自らの特性を発現させるうえで最も好ましい条件を探りながら、地上に徐々に広がっていった。あらゆる生命体に接して、それらに潜在している知性を呼び起こし、活性化しながら、それらの中にあるわたしのイデアの特定の諸相を、より完全に、より活発に表現させようとした。

このようにして、地上にさまざまな言語が形成された。それぞれの言語には数多くの言葉が含まれているが、そのどれもが、内側で絶えず湧き起こるわたしのイデアの無限の諸相を地上的な方法で表現したいという、人間の心の願望から生まれたのだ。

人間としての心がそのように――言葉で――わたしのイデアを表現しようとすればするほど、その失敗はより大きく、惨めなものとなる。

やがては大いなる目覚めが起こるだろう。――すべての言葉はひとつのイデアを象徴しているにすぎず、どのような性質のものであろうと、すべてのイデアはひとつのイデアの諸相、つまり、わたしの自己というわたしのイデアの表現にすぎない。――したがって、わたしの意志こそが唯一のインスピレーションの源であると意識することなく、そのイデアを言葉で表そうとしても、そのような願望は無益に終わる。同じように、あなたの人間としての人格という意識をすべて消し去ることなくして――行為における個人的な役割を手放し、あなたの自己を完全にわたしに集中することなくして――そのイデアを生きた行動で表現しようとしても、そのような願望はすべて無駄であり、実を結ばず、挫折と失望、屈辱に終わるだけだろう。

＊旧約聖書「創世記」第二章第七節。原文はジェームズ王による欽定聖書。

10 善と悪

あなたがたが地上での使命を開始する前に滞在したエデンの園には、善悪の知識と呼ばれる果実のなる木があった。

エデンの園にいたとき、あなたがたはまだ完全に非個人的な存在だった。なぜなら、まだその果実を味わっていなかったからだ。あなたがたにこの果実を食べさせることを主な働きとするわたしの意志の、地上における代理人である欲望にあなたがたが屈し、この果実を口にした途端、あなたがたは下降、つまり落下し、エデンの園からいわば追放された（ひよこが卵の殻を破るように、あるいはバラの蕾が開くように）。そして、あなたがたは自らがまったく新しい奇妙な状態にあることに気づいた。今や、下界の王国を支配し、必要なものすべてを供給させることはなくなり、あなたがたは果実を実らせるために大地を耕し、パンを得るために額に汗しなければならなくなった。

地上的な使命を負ったために、今やあなたがたは地上での生活のあらゆる状況に完全に身を置かなければならなくなった。地上において、わたしのイデアを完璧に表現できる心を育み、身体を完成させるために。――これこそが、あなたがたがこの夢の状態に入った本当の理由であり、原因なのだ。

こうして、非個人的なエデンの園から落下して、そこを出て行ったあなたがたは、この夢の世界の誘惑に完全に身をまかせることになった。今や完全に欲望に導かれるまま、物事の真実(リアリティ)、つまり魂を見ることができなくなった。というのも、あなたがたは肉体をまとい、人間の脳で地上を覆うことで、あなたがたの魂の意識を覆い隠してしまったからだ。あなたがたの視界と心はひどく曇り、真理の光は透過できなくなった。こうして、人間的な理解によって、すべては曲解され、歪められてしまった。

この**夢**の状態の中で、あなたがたはすべての物事を霧の中で、ぼんやりと見ることになった。そして、この霧がすべてを包み込んでいたために、あなたがたは物事のおぼろげな外観しか見ることができず、その**真実**（リアリティ）をとらえることができなくなった。しかしながら、その外観こそが、今や、あなたがたにとっては現実のものとして見えるようになったのだ。

このように、夢の目を通して、あなたがたはすべての物事を見るようになった。生気あるものもそうでないものも、あなたがたの人間としての心がとらえたすべての事柄も、そして、あなたがたの**自己**や、あなたがたの周りの他の**自己**でさえも。

こうして、もはや物事の**魂**を見ることなく、ぼんやりとした影だけを見るようになったあなたがたは、それらの影こそが実在のものであり、周りの世界はそのようなもので構成され、満たされていると考えるようになった。

この霧というのも、あなたがたの人間としての心には見ることのできない**真理**の**光**の影響に他ならないのだが、人間の知性は欠陥のあるレンズのようなものであり、すべてをぼかし、捨じ曲げ、本物であるかのように見せかけるしかなかった。そして、あなたがたの意識を、このような夢の世界の無数の幻影によって忙しくさせ続けたのだ。

今や知性は欲望の産物となり、欲望に完全に支配されている。それはもはや、多くの人々が考えるような、魂のもつ機能ではない。別の言い方をするなら、この霧は、あなたがた人間の知性の、曇ったレンズとなっていた。それは欲望によってコントロールされていたため、わたしがあなたがたの意識を目覚めさせ、外的な表現を待ち望んでいる内なるわたしのイデアを認識させる過程において、わたしが内側から吹き込んだり、外側から引き寄せたりしたイメージや考え、衝動を、あなたがたの意識に誤って描き出し、解釈させたのだ。

こういったことをわたしは、意図的に、欲望という代理人を通してではあっても、あなたがたを意識的に、地上の状況の核心へと導くために行った。

欲望によって吹き込まれた、この偽りのビジョンは、たくさんの過失を招き、多くの困難や苦悩をもたらし、そして、あなたがたは次第に、あなたがたの自己——わたし、つまり、内なる非個人的な存在――への信頼を失っていった。要するに、わたしのことを忘れてしまったのだ。そのため、あなたがたは無力さの中で、どこに向かえばよいのかわからなくなった。しかし、あなたがたが聖なる園の記憶を失い、自らの意識をすべて、この地上での状況に集中させることによってのみ、わたしは、あなたがたの人間としての心や意志、あらゆる才能を発展させることができたのであり、最終的に存在しなくてはならない、地上におけるわたしの聖なるイデアに対して、わたしが完璧な表現を与えられるような強さとパワーを、あなたがたの人間としての身体に供給することができたのだ。

こうして、あなたがたの過失や困難、苦悩を通して、救済への願望が、あなたがたの心に悪という考えを芽生えさせた。そして同じように、このような困難がないときには、善という考えを抱かせることとなった。

あらゆる物事や状況の外観に対して、あなたがたはこの善か悪かの性質を結びつけるようになった。――それらが、わたしの代理人である欲望、つまり、真実(リアリティ)においてはわたしの人間としての自己であり、あなたがたの人間としての人格においてはあなたがたであるものの欲望を満たすかどうかに応じて、それらを判断するようになったのだ。

あなたがたが始めた生活の状況や体験はどれも、喜びをもたらす場合は善、そうでない場合は悪に見えたのだが、それらは単に、あなたがたの中にある魂の特定の機能を活性化しようとして、欲望が生み出したものに他ならない。そのような魂の機能は、内なるわたしがその時点で、あなたがたの意識に印象づけたいと願った真理を認識させるはずであった。悪とおぼしきものは、木の実のもつ負の側面であり、それは常に、美しい見た目とひと口目の甘さであなたがたを惹きつけた。あなたがたが食べ飽き、有害な影響が現れて呪縛となり、ついには幻滅をもたらすまでそれは続き、あなたがたをわたし、つまり、あなたがたの真の自己へと、惨めさの中で連れ戻す役割を担った。このようにして生じた新しい意識を通して、わたしは、果実からエッセンスを抽出し、それを魂の実質や組織へと組み入れることができたのだ。

同じように、善に見えるものは、果実のもつ正の側面だ。これは、それ自身を表現へと押し出すのだが、その衝動にあなたがたが気づき、従うことによって、今やあなたがたが、その愉快で自然な結果を楽しみ、そして、わたしの愛に満ちたインスピレーションと導きによって、外界での恩恵を受け取ることを許しているのだ。

このような体験のすべてを通して、欲望に導かれてきたこのあなたがたは、人間としての人格にすぎなかった。この人格を、本当のあなたがたは鍛え、発達させてきた。そして、常にその完璧さを肉体で表そうとしているわたしのイデアを表現する際に、あなたがたが活用できる完璧な道具となるよう、この人格を準備してきたのだ。

これらすべては、あなたがたが行ったことだ。あなたがたの人間としての人格に、いわゆる善悪の知識の木の実を食べさせただけでなく、その果実を生活の糧とさせたが、これは、あなたがたが悪と呼ばれるもののすべてを見て知り、そして、その果実を受け入れ、それを糧として生きるうちに、その中に善と呼ばれるものの萌芽を見いだし、それをもいで手に取り、そして正しい面を表に返すときまで続いたのだ。そうして、そのときから、あなたがたは善と悪は実在するものではなく、外面的な状態を、さまざまな視点から見たときの相対的なとらえ方にすぎないと知るようになった。つまり、善と悪は、中心にある内なる真理——あなたがたが知りたい、そうありたい、表現したいと求めていた真実——の外観的な相違にすぎないと知るようになったのだ。

もっと後の時代に、あなたがたは、しいて言うならば、人間の意識の層を少しずつ取り払っていった。知性によって、あなたがたの心にかかっていた霧や魔法を追い払ったのだ。抑制し、コントロールし、精神的に鍛錬することによって、知性そのものを浄化していった。そうして、今やあなたがたは目覚めつつあり、これまでになく薄くなった残りの層を通して、ときおり、**わたし**、つまり万物に宿るひとつの**偉大なる**真実（リアリティ）を垣間見るようになったのだ。

この間ずっと、**あなたがた**、すなわち、全知であり、**あなたがたの非個人的な〈われ在り〉**は、意識的、そして意図的に、このすべてを行っていた。その目的は、あなたがたの**知性**が大袈裟に、自信たっぷりに主張するように、地上の状況や物事についてのわずかな知識を得ることではなく、**あなたがた**が過去に薄暗がりの中で撒いたものから収穫を得て、そして、地上における**わたし**の完璧なイデアを明らかにすることであった。**あなたがた**が今も、**非個人的な**園である**あなたがた**の天の**館**ではそうしているように。

思い出しなさい。あなたは偉大なる非個人的なわたしであり、この〈われ在り〉こそが、このすべてを行っているのだということを。絶えず外観を変化させながらも、内なる〈われ在り〉は永遠に同じだということを。

途切れることなくめぐる**季節**――春は種まきに忙しく、**夏**はその暖かさでゆっくりと実が熟し、**秋**には恵みの収穫を得て、**冬**は涼しさの中で平穏な豊かさに満たされる。毎年毎年、世代から世代へ、世紀から世紀へ、時代から時代へと。――これらはわたしのイデアの吐息にすぎない。というのも、**わたし**の**本性**の完璧さを外側に明らかにしていくなかで、**わたし**が**それ**を、**地球**を通して、**わたし**の**属性**である**あなたがた**を通して、そして**わたし**の他の**属性**すべてを通して、もたらしたのだから。

そう。**わたし**はあなた**がた**を通してそれを行っている。なぜなら、**あなたがた**はわたしのひとつの表現だからだ。そして、**わたし**の**属性**であるあなた**がた**を通してのみ、**わたし**はわたしの**自己**を表現し、**存在する**ことができる。**わたしが在る**のは、あなた**がた**が在るからだ。あなたがたが**在る**のは、〈われ在り〉が**自己**を表現しているからだ。

〈われ在り〉があなたがたの内に在るのは、ちょうど樫の木がその実の内に在るようなものだ。あなたがたがわたしであるのは、太陽光線が太陽であるのと同じだ。あなたがたは、表現されたわたしの一面だ。わたしの聖なる属性のひとつであるあなたがたは、あなたがたの死すべき人間としての人格を通して、わたしの完璧さを永遠に表現しようとしているのだ。

ちょうど、芸術家が心の中では描きたいものを完璧にイメージしていても、粗末な筆や絵の具では、見えているものの質感や効果をうまく描写できないように、あなたがたも、自己の内にわたしを見いだし、わたしたちはひとつであると知っているとしても、動物的な肉体と世俗的な心、そして利己的な知性を伴う人間としての人格という、地上的な性質の不完全さゆえに、常に、わたしを完璧に表現することができないでいる。

それでも、わたしはあなたがたを通して、わたしの自己を表現するために、あなたがたの肉体、心、そして知性を創造した。肉体は、わたしの完璧さをイメージして創り、心は、わたしとわたしの働きについて伝えるために、そして知性は、心にわたしのイデアを吹き込んだときに、それを解釈するために与えたのだ。しかし、あなたがたは、肉体、心、知性の人間的な側面と、それらの外的な用途にあまりにも気をとられてしまったために、わたしのことを忘れてしまった。一なるものであり、内なる唯一の真実（リアリティ）であり、その聖なる本質を、ずっとあなたがたに、あなたがたを通して表現しようとしているわたしを、あなたがたは忘れてしまったのだ。

外的な用途にもはや気をそらされることのない時代がすぐそこまできている。そして、わたしの真実（リアリティ）が、あなたがたの内側にある、その完璧さという栄光に包まれるなかで、あなたがたに明かされることだろう。

わたしがわたしの自己をこのように明らかにしたとき、あなたがたはこれまでにない祝福を受けることになる。わたしの示したものはあなたがたの生活の糧となり、それが明らかにする生命をあなたがたは生き、表明することになるのだ。

11 使用*

さて、わたしはこれらのことがどのようにして、また、なぜなされたかのかについては、その全容をはっきりとは述べてこなかった。というのも、わたしはそれを、あなたのためにとっておいたからだ。あなたがわたしにそうするように呼びかけ、わたしの聖なるイデアの広がりと発展について、そして、その最終的かつ完璧な表現について、ここに描かれているよりも包括的なビジョンを、内側からの啓示として受け取ることができるようになったときのためにだ。

あなたが、その真理を意識的に経験できるようになる前に、わたしの多くの顕現の本当の意味をここで語ったとしても、あなたはわたしの言葉を信じないだろうし、その内なる適用性と用途を理解することもできないだろう。

したがって、わたしがあなたを、内なる〈われ在り〉の認識へと目覚めさせてゆくにつれ、そして、あなたの人間としての意識を、わたしが表現するうえで活用できる非個人的なチャネルとしてゆくにつれ、わたしはわたしのイデアの真実を徐々にあなたに明らかにしてゆくだろう。わたしをあなたから隔てていた各時代の幻影をひとつずつ消してゆき、それによってわたしは、あなたを通してわたしの天国の属性を地上において、人間的でありながらも聖なる完璧さで顕すことができるのだ。

わたしはここで、あなたにわたしの真実を少しばかり垣間見せたにすぎない。だが、明らかにされたものが明確になればなるほど、より多くのことが内側からあなたに開示され、そしてそれは、今あなたが思っているよりもずっとすばらしいものとなるだろう。

というのも、内なるわたしのイデアが、肉体というその外套を通して、ついに完全に輝くとき、あなたの人間としての心と知性が今、神として考えているものをはるかに超越したわたしを、あなたは崇拝し、賛美せずにはいられないからだ。

あなたがこのすべてを意識し、それを真に理解できるようになる前に、あなたとあなたの人間としての人格は、一なるものであり、唯一の源である内なるわたしに向かい、子どものように純真で疑いのない心（マインド）とハートとともに、自己を完全に空っぽにしたあなたの物差しを、わたしに差し出すことによって、わたしがそれを明らかにすることを可能にしなければならない。

わたしがあなたを、わたしへの意識で満ち溢れさせるのを阻むような個人的な意識がまったくなくなったそのとき、そのときにのみ、わたしはあなたに、わたしの真意の栄光を指し示すことができる。このメッセージの全体は、その外的な準備にすぎないのだ。

しかしながら、今、その何かしらをあなたが理解するときが訪れた。充分なことが示され、今やあなたには、内なるわたしの声を認識する準備が整ったのだ。

したがって、これからは、あなたが内なる〈われ在り〉をはっきりと理解したものとして話を進めていこう。そして、ここで紙面を費やしてわたしが語る真理の数々は、あなたが直接はっきりとは受け取れなかったわたしのイデアの諸相を、より強くあなたの意識に印象づけるものに他ならない。

ここでわたしが真理として訴えかけていることは、結局、わたしのイデアがこれまで内側から表現しようとしてきたことの証明にすぎないのだ。

心に訴えかけないものや、自分のこととして認められないものは、やりすごすがいい。というのも、それが意味するのは、わたしが、あなたがそれを受け入れることをまだ望んではいないということなのだ。

しかしながら、ここでわたしが語る真理のひとつひとつは、わたしがそれを受け止めるよう促した心に達するまで振動し続ける。それというのも、すべての言葉にはわたしのイデアの強い力が込められており、そこに隠された真理を受け取った心にとって、この真理は生きた真実（リアリティ）となるからだ。そして、今や表現することが可能であり、かつそれに値する、わたしのイデアの一局面となる。

すべての心は、わたしの永遠なる心の一面、もしくはその一部が、死すべき性質をもつさまざまな形態となって現れているにすぎない。したがって、わたしがこの紙面を媒体として、あなたや他の人の心に語りかけるとき、〈われ在り〉は、わたしの死すべき自己に語りかけ、わたしの無限の心を使って思考し、わたしのイデアを世に送り出しているにすぎないのだ。

そうして、あなたもまた、まもなく、わたしの考えに思いをめぐらすようになるだろう。そして、〈われ在り〉が内側から、あなたの人間としての意識に直に話しかけていることを自覚するだろう。そうなったときには、あなたはもはやわたしの意図を理解するために、この本や、話されたり書かれたりした、わたしの外的な啓示を受け取る必要はなくなるだろう。

なぜなら、〈われ在り〉はあなたの内側にいるのではなかったか？〈われ在り〉はあなたではなかったのか？そして、あらゆる心の意識の中に生き、それを通して表現し、すべてのことを知っているわたしとあなたは、ひとつではないのか？

あなたがすべきことは、わたしの心の全意識の中に入り、ちょうどわたしがあなたの心の中にわたしのイデアとともにとどまっているのと同じように、わたしとともにいることだけなのだ。そうすれば、あらゆるものは、それらが今やわたしのものであるのと同じように、あなたのものとなるだろう。それらはわたしのイデアの外的な表現にすぎず、ただ、それらが存在するようにとわたしが考えたときに、わたしがそれらに与えた意識によって存在するにすぎないのだ。

これらは、すべて意識の問題、つまり、あなたの意識的な思考の問題だ。あなたがわたしから分離しているとすれば、それはただ、あなたがそのように考えるからだ。あなたの心はわたしの心の一焦点にすぎない。あなたがこのことを理解したならば、あなたが自分の意識と呼ぶものは、わたしの意識となる。あなたは、あなたのうちに存在するわたしの意識なしには、考えることはおろか、呼吸することも、存在することもできない。このことが理解できないだろうか？

だから、さあ、考え、信じなさい。あなたはわたしだということを。わたしたちは分離してはいないし、分離することなどありえない。なぜなら、**わたしたち**は**ひとつ**なのだから。わたしはあなたの内にあり、あなたはわたしの内にある。そのように考えなさい。そのようにはっきりとイメージするのだ。このことを意識したまさにその瞬間、あなたはわたしとともに天国にいる。

あなたとは、あなたが信じている通りの人だ。あなたの人生の中で、ただのひとつも現実（リアル）であるものはないし、ただ、あなたがそのように思考し、信じているからといって、あなたにとって価値あるものは何ひとつないのだ。

したがって、もうこれ以上、わたしと離れていると考えるのはやめなさい。そして、わたしとともに**非個人的な領域**にとどまりなさい。そこでは、すべての**力**、すべての**智慧**、すべての**愛**が、わたしのイデアの三要素として、あなたを通して表現されるのを待っている。

さて、わたしはこのことについて多くを語ってきたし、どうやら、同じことを幾度も、違う言葉を用いて語ってきた。わたしがあえてそのようにしたのは、異なる光の中で、**わたしの意**

図を表明するためであり、あなたがわたしの聖なる非個人性——真実（リアリティ）においてはあなたの非個人性——をついには理解できるようにするためだ。

そうだ。わたしは多くの真理を繰り返し述べてきたし、これからも繰り返すだろう。あなたは、そのようなことは退屈だし、必要ない、と考えるかもしれない。しかし、あなたが注意深く読み進めるならば、わたしがひとつの真理を繰り返すたびに、すでに述べていることに何かしらを付け加えており、その都度、あなたの心に、より強く、より永続的な印象が刻まれていることに気づくだろう。

こうすることで、わたしの目的は達成され、あなたはまもなく、その真理を魂で悟ることになる。

もしもあなたがそのような印象をもたず、いまだにこのような繰り返しは言葉と時間の無駄だと考えるなら、あなたはただ知性でのみこれを読んでいることを知りなさい。そして、わたしの本当の意図をすっかり見逃しているのだということを。

しかしながら、あなたがたのうち、理解することができた者はすべての言葉を愛するだろう。そして、読み続け、また幾度となく読みかえすことによって、わたしがあなたのために蓄えてきた、驚くべき珠玉の智慧のすべてを、ついには受け取ることになるだろう。

この本とそのメッセージは、あなたにとって、今後、ひとつのインスピレーションの源となるだろう。つまり、あなたがそこを通って非個人的な領域を訪れ、そこで、わたし——あなたの天国の父であるわたし——と甘美な交流をもつことができる、ひとつの扉となることだろう。そのときわたしは、あなたが知りたいと望むすべてのことを教えるだろう。

わたしは非個人的な領域について、さまざまな観点から描写してきたが、それは、あなたがこれに慣れ親しみ、あらゆる劣悪な状態とそれとを明確に区別できるようになり、そして意のままに、意識的に、その状態にとどまることができるようにするためなのだ。

あなたがこの状態に意識的にとどまることができれば、わたしの言葉は、いつ、どこで発せられようとも、常にあなたの心の中に居場所を見つけ、理解を得ることだろう。そのときには、わたしは、あなたの内側に目覚めさせたある種の能力を、あなたが使用することを許すだろう。これらの能力によってあなたは、物事の真実（リアリティ）をよりはっきりと見極められるようになる。それは、あなたの周りにいる人々の人格の美しく愛すべき資質だけでなく、弱さや欠点、短所なども同じように見せてくれるだろう。

しかしながら、あなたが、このような欠点や短所を見ることができるようになるのは、あなたの兄弟を批判したり裁いたりするためではない。そうではなく、あなた自身の人格におけるそのような欠点や短所を克服するという明確な決意を、わたしがあなたの内側に呼び起こすからなのだ。ゆえに、自分自身に注意を向けなさい——そのような欠点や短所があなた自身の中にもはや残っていなければ、他の人々の中にあるそれらを気にすることもなくなるだろう。そうなれば、内なるわたしが、そこへとあなたの注意を引くこともなくなるのだから。

すべてのものは使用するためにあり、使用するためだけにあるのだから、わたしがあなたに授けた他の能力や贈り物、力を、あなたがこれまでどのように使ってきたかを調べることにしよう。

あなたは、これまでの話によって、**わたし**があなたに**すべての**物事をもたらしていると気づいていることだろう。あなたが持っているもの、あるいは、そうであるものはすべて、善であれ悪であれ、祝福であれ苦しみであれ、成功であれ失敗であれ、富であれ不足であれ、**わたし**がそれをあなたに引き寄せ、与えたのだ。——何ゆえか？ **使用する**ためだ——あなたが**わたし**を、すべての善なるものの**贈り主**として認識し、承認するよう、あなたを目覚めさせるために。

そう、あなたが受け取る物事にはすべて用途がある。あなたがそのような用途に気づいていないなら、それはただ、あなたがまだ**わたし**を**贈り主**として認識できていないからだ。

あなたが**贈り主**である〈**われ在り**〉を**知る**までは、わたしを素直に、そのように認識することはできないだろう。

あなたという人格は、実際、わたしがあなたに与えた多くのものを捨て去ろうとすることや、あなたがより良いと思う他のものと交換しようとすることに夢中になっていたため、いうまでもなくあなたは、**あなた自身の自己**であるわたしを**贈り主**として認識するどころか、夢見ることさえできなかった。

おそらく、今ではあなたも、わたしを**贈り主**として、あなたの世界と人生におけるすべての物事の**内なる精髄**（エッセンス）、**創造主**として認識し、さらには、物事に対するあなたの現在の態度さえも認識していることだろう。

そのどちらも、わたしが行っていることだ。というのも、それらは、あなたの内なる完璧さというわたしのイデアを表現するために、〈われ在り〉が用いているプロセスの外的な側面に他ならないからだ。その完璧さはわたしの完璧さであり、あなたの内側から徐々に広がりつつある。

あなたがこのことをますます理解するにつれ、わたしがあなたにもたらす物事や状況、体験の本当の意味や用途があなたに明らかにされてゆくだろう。そのとき、あなたは**内なるわたし**

のイデアを垣間見るようになり、このイデアを目にすることで、わたし――あなた自身の本当の自己――を知るようになる。

しかしながら、あなたがわたしを真に知ることができるようになる前に、あなたは、わたしが与えるすべてのものは善であり、そして、それらは使用する――わたしが使用する――ためにあるのだということを学ばなければならない。そしてまた、あなたはそれらに対して、個人として何の権限も実際の権利ももっておらず、そのように使用することによってのみ、それらはあなたにとって、本当の意味での利益になるのだということを学ばなければならない。

わたしは、あなたを通して、音、色、言語の美しいシンフォニーを奏でるかもしれない。それらは、人間の用語でいえば、音楽、芸術、詩として現れ、他の人々に大きな影響を与え、その人々はあなたを、その時代の偉大な人物のひとりとして賞賛するかもしれない。

わたしは、あなたの唇を通して語るかもしれないし、たくさんの美しい真理を書き記すようあなたを促すかもしれない。それによって、あなたを最もすばらしい伝道者、もしくは教師として崇める、多くの信奉者が集まるかもしれない。

わたしはまた、あなたを通してさまざまな病気を癒し、悪魔を祓い、目が見えない人に視力を与え、足が不自由な人を歩かせたりして、世間が奇跡と呼ぶような驚くべき仕事をやってのけるかもしれない。

そうだ。これらはすべて、わたしがあなたを通して行うかもしれないことだ。しかし、あなたが、すべての話し言葉にこれらの音のハーモニーを取り入れ、用い、聴く人すべてにとって、それが天上の甘美な音楽とみなされないかぎり、これらのどれひとつとして、あなたに個人的な利益をもたらすものではない。また、あなたの色彩感覚やバランス感覚があなたの人生に現れて、優しく、高揚感をもたらす、役立つ思考だけが、あなたから流れ出ないかぎりは、あなたに個人的な利益をもたらすものではない。これが示しているのは、唯一真の芸術とは、わたしの人間としての表現のすべてにおいて、わたしの完璧さをはっきりと見ることであり、わたしの愛の活気づける力が、あなたを通して彼らのハートに注ぎこみ、そこに隠されたわたしのイメージを、彼らの内なるビジョンに描き出すことなのだ。

同様に、あなたには何の功績もない。わたしがあなたを通して、どんなにすばらしい真理を語り、どんな働きをしたとしても、あなた、そう、あなた自身が、これらの真理を日々、絶え間なく生き、それらの働きを、わたしとわたしの力を常に思い出させるものとして役立たせないかぎりは。わたしはこの力を、わたしへの奉仕において用いるために、わたしの最愛なるあなた、そして、すべてのものに、ふんだんに注いでいる。

あなたがたのうち、わたしからそのような才能を何ら与えられておらず、そして、自分自身には価値がなく、そのようなやり方でわたしに仕えるには、まだ充分に成長していないと思っている者よ。そんなあなたに、わたしは伝えよう。

あなたが内なるわたしを真に認識し、真剣にわたしに仕えようとする、まさにその程度に応じて、わたしはあなたを用いるだろう。あなたの人格がどのようなものであれ、その欠点や、性癖、弱点がどのようなものであろうとも。

そうだ。わたしは、このようにわたしに仕えようとしているあなたにも、あなたの兄弟を活気づけ、目覚めさせ、わたしに対する同様の認識を起こさせるために、多くの驚くべきことをさせるだろう。わたしはあなたにも、あなたが接する多くの人々の人生に影響を与え、より高い理想へと彼らを鼓舞し、高揚させ、彼らの考え方や仲間に対する態度、つまりは、わたしに対する態度を変えさせようとするだろう。

そうだ。わたしに仕えようとする**あなたがたみな**を、わたしは、あなたがたの才能が何であれ、コミュニティにおける善のための活力とするだろう。そして、多くの人たちの生活様式を変えさせ、彼らに霊感を与えて野心と大志を抱かせ、概して、わたしがあなたがたを配置した世俗的な活動の只中において、感化を与えさせるだろう。

あなたは、今のところ、このことについては何も知らないだろう。ひょっとすると、いまだにわたしに仕えることを望んでいたり、わたしをより親しく意識したいと渇望していて、自分は何もできていない、いまだに多くの間違いを犯しているし、わたしというあなたの最も高い理想に応えられていないと考えているかもしれない。そのように望み、渇望することが、わたしがわたしの霊的な力を注ぎ込む手段であると気づかないままに。完全に非個人的なこの霊的な力は、あなたの内なるわたしがそれを用いていることに気づかぬまま、あなたによって使用され、あなたのハートと人生の内に、そして、わたしとあなたの他の自己たちのハートと人生の内に、わたしの目的をもたらすのだ。

したがって、ついにはあなたが成長してこれらすべてを理解してゆくにつれ、確実にそうなるだろうが、そして、このことを、あなたが保持するすべてをわたしへの奉仕の中で実際に使用することで証明してゆくにつれて、わたしはあなたに、あなたを通してその完璧さを絶えず示そうとしているわたしの聖なるイデアを表現するなかで、わたしの力、わたしの智慧、わたしの愛を意識的に、非個人的に使用するための強さと能力を少しずつ与えてゆくだろう。

したがって、まもなくあなたは、あなたの人間としての人格は、あらゆる能力や力、所有物を備えてはいるが、それらが実際にはわたしのものであり、あなたを通して作用し、現れているのと同じように、完全にわたしが使用するためのものであって、真の成功や満足は、そのような使用以外には決して見いだせないことを理解するだろう。

というのも、そのような使用によって、撒かれた種が実を結ぶように、わたしのイデアをついには完璧に表現するうえでの、わたしの霊的な機能のすべてを意識的に使用する能力が発達するのだから。わたしのイデアは、あなたの人間としての人格を通してのみ、表現されるのだ。

＊使用：原語はuse。Useの訳語には、使用、用途、利用、使いみち、効用等がある。ここでは、全体としては「使用」を使うが、適宜別の言葉も用いている。

12　ソウルメイト

さてここで、わたしがこれまであなたに与えたいくつかのことについて検証してみよう。特に、あなたが、わたしをまだ贈り主として認識できないことについて。

ひょっとすると、あなたは、現在のあなたの人生特有の状況は、あなたの内に湧き上がってきているわたしのイデアを表現するうえで、最適ではないと考えているかもしれない。

そうであるなら、そのような状況から抜け出して、あなたが選択する状況へと進んではどうだろうか？

あなたがそうすることができないとか、しないということであれば、それはただ、今のそのような状況こそが、わたしの完璧な表現のために必要な、ある特定の資質をあなたの内に呼び起こすうえで、最も適しているということだ。そして、あなた自身の自己である〈われ在り〉は、そのような状況がもつ力、つまり、あなたの心の平和を乱し、あなたを不満にさせる力の中に隠されたわたしの目的と意図を認識するまで、あなたがそこにとどまることを許しているのだ。

あなたがわたしの意図を認識し、わたしの目的を自らの目的にすることを決意したとき、そのときにのみ、わたしはあなたが、今いる状況から、わたしが用意したより高いところへと踏み出す強さを与えるだろう。

もしかすると、あなたは、自分の夫や妻について、自分にはまったくそぐわないとか、「霊的な」目覚めの助けにもならないし、かえって邪魔で、害になるだけだと考えているかもしれない。さらには、そのような夫や妻とは別れ、あなたの志や探求に共感して寄り添ってくれる、あなたの理想に近そうな、別の誰かと一緒になりたいと密かに考えているかもしれない。

あなたは逃げようと思えば逃げられるかもしれない。しかし、あなた自身の人格から逃げ出すことはできないし、また、「霊的な」パートナーを求める利己的な渇望においては、あなたが再び内なるわたしの声の意識に目覚めるまで、心の幻想の中で、十倍も長く困難な探求を強いるような相手を引き寄せるだけかもしれないということを知っておきなさい。

それというのも、あなたに同情的で感謝してくれるようなパートナーは、あなたの中にある個人的なプライドと、「霊的な」力への身勝手な欲望を満たし、あなたの資質の利己的な側面を発展させるだけだからだ。同様に、愛情深く信頼のおける従順なパートナーは、あなたがわたしの非個人的な愛の意識をまだ受け入れていないときには、利己心やうぬぼれを助長するだけかもしれないし、その一方で、横暴で疑い深く口うるさいパートナーは、あなたにとって依然として必要な、魂の訓練を提供してくれるかもしれないのだ。

だが、知っているだろうか。あなたの真のソウルメイトは、実際には、あなた自身もそうであるように、天界から来る天使であり、わたしの聖なる自己の属性のひとつだ。その人が現れるのは、あなた自身の人格を浄化してはじめて、わたしの聖なる愛が表現され、あなたに多くの心の乱れや魂の不幸をもたらしている状況から、あなたは自由になれるということを教えるためなのだ。

というのも、この魂、天界から来る天使であり、わたしとあなたの自己のもうひとつの断片であるものは、あなたを訪れ、あなたを通して、非個人的な愛、他者への優しい気遣い、平静な心と魂の平安、静かで確固とした自己統御を表現しようと切望し、懸命に努力している。そして、それが、それだけが扉を開くことができ、そこから、それ自身の輝かしい存在の自由へと踏み出し、あなたにそれ自身の真の自己を示すことができるのだ。――あなたは、地上の束縛から解放されたこの魂の、その聖なる美しさを見ることができるようになってはじめて、あなたが求める理想を見つけ、識別できるようになるだろう。

なぜなら、その理想は外側に――他の人格の中に――存在するのではなく、あなたと聖なる対をなすものの内側、すなわち、あなたの高次の、不滅の自己であるわたしの内に存在するからだ。あなたが、わたしがあなたに与えたパートナーに外見的な不完全さを見いだしているなら、それは、あなたという人格を通して表現し、顕在化しようとしている完璧な自己、つまり、わたしのイデアが存在するからに他ならない。

しかしながら、やがてときは訪れるだろう。あなたが外側の世界に、愛や同情、感謝や霊的な救いを求めることをやめ、内なるわたしに完全に向かうときが。そのとき、その見せかけの不完全さは消え去るだろう。そして、あなたはパートナーの中に無私の愛、優しさ、信頼、他者を幸せにしようとするたゆまぬ努力といった資質の反映だけを見るだろう。またそれは、あなた自身のハートからも、明るく、絶え間ない輝きを放ち続けることだろう。

もしかすると、あなたは、このすべてをまだ完全には信じることができないかもしれない。そして、あなた自身の自己であるわたしが、あなたの人生の現状に責任を負っていて、わたしが、あなたの現在のパートナーを選んだのではないかと疑問に思っていることだろう。

もしそうであるなら、すべてが明らかになるまで、そのような疑問を抱き続けるがいい。

だが、覚えておきなさい。あなたがわたしを信頼して助けを求めるならば、わたしはもっとはっきりと、あなたの内側から直に語りかけるだろう。なぜなら、わたしにはすべての必要を満たすことができると深く信じて、わたしを頼る者たちのために、わたしは、わたしの**最も神聖な秘密**を常に保っているからだ。

しかしながら、まだそうすることのできないあなたに伝えよう。もし、あなた自身の**自己**が、あなたをここに導いたり、パートナーと出会わせたりしたのでなければ、ではどうして、あなたはここにいて、あなたにはそのパートナーがいるのだろうか？

考えてみなさい。

わたし、すなわち、**すべて**であり、**完璧な一なるもの**は、間違いを犯したりはしない。

だが、人格は間違いを犯す、とあなたは言うだろう。そして、この人格がパートナーを選んだのであって、こうならざるを得なかったのだと。

では、何が、誰が、この人格にその特定のパートナーを選ばせ、そのような事態をもたらしたのだろうか？　誰が、このようにしてあなたが選択できる状況を選び、配置したのか？　そして、誰が、あなたを世界中のあらゆる国の中からこの国に、あらゆる町の中からこの町に、この特定の時代に誕生させたのか？　なぜ、どこか別の町や、百年あとではなく？　あなたという人格が、こういったことのすべてを行ったのだろうか？

あなた自身に対して、これらの疑問に真摯に、満足のいくように答えるなら、あなたも、**神**であり、あなたの内にあり、あなた自身の**自己**である**わたし**が、あなたが行うすべてのことを行っており、かつ、巧みに行っていることを理解するだろう。

わたしはこうしたことを、わたしのイデアを表現しながら行っている。わたしのイデアは、**永遠**の中に内在するのと同じように、わたしの生きる**属性**であるあなたを通して、完璧なものとして、外的にも顕れようとしているのだ。

真の「ソウルメイト」がどこかであなたを待っているはずだと、あなたは他の人々に信じこまされてきただろうが、探すのはやめることだ。というのも、それは外の世界の誰かではなく、あなた自身の魂の内にあるのだから。

なぜなら、あなたの内にあって、完全性を求めて叫んでいるのは、認識と表現を切望している、あなたの内なる**わたし**の感覚に他ならないからだ。あなたは、地上で表現しようとしたことを終わらせる前に、あなた自身と聖なる**対**をなすものであり、あなたの霊的な部分であり、あなたの片割れである**わたし**、ただそれだけと、ひとつに統合されなければならないのだ。

これは、**非個人的な自己**とまだ意識的につながっていないあなたにとっては、まったくの謎だろう。だが、疑ってはいけない。あなたが完全に身をゆだね、**わたし**との統合だけに心を向け、**わたし**のもとにやってくるなら、**わたし**は、あなたのために長く保持してきた、甘美な天上のエクスタシーを開示するつもりだ。

13 権威

いまだにさまざまな書物を読みたいと思っていて、そうすれば、わたしのイデアの地上における表現の意味という謎が解明されるのではないかと思っているあなたに、わたしは伝えよう。

あなたが、このようにわたしがもたらす衝動に従って、わたしのイデアの意味についての、他者による解釈を外側に求めるのはよいことだ。なぜなら、わたしは、あなたが想像しているようなやり方ではないとしても、その探求があなたのためになるようにしているからだ。

わたしがあなたに伝えたい真理を、古代の教えや哲学、宗教、あるいは、他の民族や人々の間に伝わるそうしたものの中に求めるのはよいことだ。そのような探求であっても、無駄に終わることはないだろう。

しかし、他の心による考えや、他の宗教の教えは、たとえそれがどんなに正しく美しいものであっても、わたしがあなたに意図するものではないということに、あなたが気づくときがくるだろう。というのも、わたしは、あなたのものであり、ただあなただけのものである教えや考えをあなたのために保持しており、わたしはそれをあなたに、あなたに受け取る準備ができたときに、密かに与えるつもりだからだ。

必然的にそうなるのだが、そのときがくれば——あなたが、いま興味をもっているさまざまな宗教や哲学、カルト内での探求に満足できなくなり、書物の著者や哲学の教師、宗教の普及者によって権威的に説明され、彼らには備わっているとされる、力や霊的成長の達成には自分は及ばないとわかって落胆するときがくれば——わたしはあなたに教えるだろう。これらすべての書物や教え、宗教は、もともとはわたしが霊感を与えたのであり、多くの人々を鼓舞するという役割を果たしてきたし、今も果たしているのだと。だが、あなたにとっては、もはや外側のいかなる権威にも目を向けるときではなく、その代わり、**わたしの生命の書**を学ぶことだけに専心し、わたしによって、内なるわたしによってのみ導かれるときがきているのだということを、わたしはあなたに示すだろう。もしあなたが真剣に、そして本当にこれを行うならば、あなたは、わたしがあなたを宗教における高位の聖職者に選んだことを知るだろう。あなたが以前に理解し、思い描いていた他のすべての者と比べるなら、その栄光と壮大さは、ちょうど、遠くの星の瞬きと比べての、太陽の輝きのようなものだ。

同じように、あなたは、古代の宗教は、遠い昔のわたしの民に与えられたものであり、また、他の民族の宗教は、わたしがその民族に与えたものであるが、そのどれもがあなたのためのものではないということを知るだろう。たとえわたしが、あなたにそれをもたらし、その中で多くの驚くべきことを示し、それがあなたに霊感を与え、その教えの中にわたしを探し求めようと、より固く決意させたのだとしても。

それらは過去のものであり、あなたとは何の関係もないということを伝えておこう。あなたがそれを理解できるのであれば、そのときは来たのだ。蓄えた知識、あらゆる教え、あらゆる宗教、あらゆる権威、ここや他の外的な啓示書において示されているわたしの権威でさえ、手放すべきときが。なぜなら、わたしは内なるわたしの臨在を意識するようあなたを鼓舞し、外部からもたらされるあらゆる権威や教え、宗教は、たとえどんなに高尚で神聖なものであったとしても、もはやあなたに何の影響も与えることはできないと気づかせたからだ。ただしそれらが、あらゆる事象に関するあらゆる質問への最終的な拠り所として、あなたを内なるわたしへと向かわせる手段とならないかぎりは。

そうであるなら、なぜ宗教や人間の知識、他の人々の経験といった過去の遺物の中に、わたしだけが与えることのできる助けや導きを求めるのか？

過ぎ去ったことはすべて忘れなさい。過去のものは生命を失っている。死んだもので、なぜあなたの魂に負担をかけるのか？

過去にこだわるぶんだけ、あなたは過去に生きることになり、絶えることのない、永遠の**今**に住む**わたし**との関わりをもつことはできなくなる。

あなたが、過去の行為や経験、宗教や教えにしがみつくぶんだけ、それらはあなたの魂のビジョンを曇らせ、わたしをあなたから隠してしまうのだ。わたしの非個人的な意識の光は限界を知ることなく、あらゆる物事の無限の真実（リアリティ）を貫いているが、あなたがそれらの暗い影響から自由になり、わたしの意識の光へと足を踏み入れないかぎり、それらが妨げとなって、あなたはわたしを見つけることができないだろう。

同じように、未来も**あなた**には関係がない。最終的な完成を目指して未来に目を向ける者は過去に縛られており、決して自由になることはない。彼の心がもはや自分の行為の結果にとらわれなくなり、わたしを彼の唯一のガイドとして認識し、すべての責任をわたしにゆだねるまでは、決して自由にはならないのだ。

わたしとひとつであるあなたは、**今**、完璧であり、常に完璧だった。若さも老いも、誕生も死も知らずに。

完璧であるあなたにとって、これまでのことやこれからのことは何の関係もない。永遠の**今**

のほかに、あなたが気にかけるものはない。あなたに関係するのは、あなたが今直面していること、すなわち、そのような表現のために意図的にあなたを配置した状況である今ここにおいて、**わたし**のイデアをどのように完璧に表現するか、ということだけなのだ。

終わってしまったことなら、すでに中身を取り出したあとの殻にすぎない結果を引きずって、あなたの心と魂に負担をかけたりせずに、手放してはどうだろう。

これらのことはすべて、多くの人が強く信じている輪廻転生にもあてはまる。

完璧で、永遠であるあなたが、過去や未来の転生と何の関係があるだろうか？　完璧なものが、その完璧さを増やせるだろうか？　永遠のものが、永遠から出たり、永遠に戻ったりするだろうか？

〈われ在り〉、そしてあなたは、**わたし**と**ひとつ**だ。今までもそうであったし、これからもそうだ。あなたという〈われ在り〉は、**わたし**のイデアを表現するというひとつの目的のために、すべての身体に宿り、転生しているのだ。

人類はわたしの身体だ。人類の中にわたしは生き、動き、わたしという存在を保持し、わたしのイデアの輝かしい光を、わたしの属性を通して表現している。人間の目に映るその聖なる輝きは、人間の知性がもつ無数の曇った不完全さによって損なわれ、歪んではいるが。

わたしと、わたしとひとつであるあなたは、人類の中に転生した。ちょうど、樫の木が季節ごとにその葉や実に転生し、そして再び、何千もの樫の木がその何千もの実から生じ、世代から世代へと転生していくように。

あなたは、あなたの過去世を覚えているという。

本当に？　それは確かだろうか？

それなら結構なことだ。だが今、わたしがあなたに示しているわたしの意図を、あなたがより理解できるように、わたしの過去の表現のひとつの真実(リアリティ)をわたしがあなたに垣間見させたからといって、それは、あなたが個人として、わたしの表現の手段だったとわたしが保証したことにはならない。

なぜなら、わたしはあらゆる手段で表現し、あなたはわたしとともにあり、そしてわたしたちは、どのような性格、年齢、人種であれ、あらゆる表現における生命であり、知性なのではないだろうか?

自分は実際にそのような表現をしたのだと信じることがあなたにとって喜ばしいなら、それでかまわない。わたしは、そのような信念があなたのためになるようにするだろう。ただしそれは、その後にやってくる、偉大なる実現をあなたに準備させる程度のものだ。

今のところ、あなたはしっかりと束縛されている。あなたという人格は、利己的な欲望と探求によって、いまだに手足が過去に縛られ、その行為の結果がすべて尽きた後の、未来での解放にしか目を向けていない。あなたの心と知性は誕生と死を妄信し、それだけが最終的な解放とわたしとの統合をもたらすと信じている。これが、わたしたちの永遠不変の一体性の実現を妨げ、あなたが望めばいつでも、あなたはあなたの自己を自由にできるのだと気づかせないようにしているのだ。

というのも、生まれて死ぬのは人格だけであり、それだけが肉体にとどまって、地上での生活を長引かせることに必死になり、わたしがその肉体に用がなくなったあとにも、他の肉体に戻ろうとするからだ。

あなたが縛られているのはこの人格に対してだけであり、それが時代を超えてあなたに植えつけた利益や意見によってであり、その間、あなたの人間としての心はそうした幻想に忙殺されてきた。あなたが自らの聖なる不滅性、全能、知性への気づきの中で立ち上がり、すべての個人的な信条や意見を手放したときにだけ、あなたは、この歪んだ関係性からあなたの自己を解放することができる。そして、マスター、王であり、わたしとひとつであるものとして、自己の玉座に座し、あなたの本当の地位に就くことができるのだ。このとき、人格は本来の適切な立場であるしもべ、家臣となり、わたしの些細な命令にも喜んで従うことができ、そうして、わたしの使用に値するひとつの道具となるのだ。

14　媒体と媒介者

あなたがたのうち、わたしに仕えたいという思いから、教会や宗教団体、オカルト協会、霊的結社など、その種のものに所属し、それらの仕事を手伝い、支援すれば、わたしが喜び、結果として、わたしの特別な恩寵が得られるかもしれないと考えている者たちよ。わたしの言葉に耳を傾け、よく考えなさい。

第一に、〈われ在り〉がすでにあなたに満足しているということを知りなさい。なぜなら、あなたはわたしがさせないことは何もせず、あなたが何かを行うのは、わたしの目的を果たすためだからだ。ときには、あなたの目には、あなたがわたしの願いに反し、自分の欲望を満たすためだけに行動しているように見えたとしても。

同様に、わたしはあらゆる心にあらゆる人生の経験を提供するが、わたしがそれらの心を利用するのは、ただ、身体を整えさせ、ハートを活性化し、意識を高め、それらがわたしを理解し、それらを通して、わたしがわたしのイデアを表現できるようにするためだということを知りなさい。

わたしはそれらの経験を通して、わたしとわたしのイデアを垣間見させることで、心に霊感を与え、その霊感を通して、多くの者たちにこのように語ってきた。彼らはわたしの言葉を受け入れ、書物に記し、他の人々の心にもそれを伝えてきた。それらの言葉は、たとえ著者や教師自身がわたしの意図を本当には理解していなくとも、それを受け取る準備ができている者たちのハートと意識を活性化するために、わたしがもたらしたものなのだ。

わたしがこのようにして、わたしとわたしのイデアを垣間見させることによって心に霊感を与えた者たちの多くに対して、わたしは、教師や指導者となるよう働きかけている。教会や団体、教団を組織し、探求者や信者を導かせ、そうすることによってわたしは、彼らを通してわたしが語る言葉によって、わたしに気づく準備のできた者たちの心と意識を鼓舞することができるのだ。

わたし、つまり内なる、非個人的な一なるものが、これらすべてを行っている。教師や指導者は個人的には何もしておらず、ただ、わたしが彼らのもとへと導いてきた者たちの意識に向けて、わたしのイデアが表現を行うチャネルとして、その役割を果たしているだけなのだ。

というのも、心はチャネルにすぎず、知性は道具でしかない。わたしはそれらを、いつであれどこであれ、わたしのイデアを表現する必要のあるときに非個人的に使用する。ハートが活性化され、わたしを受け入れるために大きく開かれてはじめて、死すべき心と知性をもつ人間は、わたしが彼らを通してわたしのイデアを表現するとき、わたしの意図を意識的に理解することができるのだ。

わたしに仕えたいと願うあなたは、教師や指導者の中に、わたしが彼らを通して語る一見不可思議な言葉の数々から、彼のハートにはわたしが宿っている、と思う人格を見つけたかもしれない。

わたしを喜ばせることができているだろうかと疑い、不安になり、また、わたしの命令に従わなかったときのわたしの怒りを怖れて、あなたは、おそらくは最高位の聖職者と称する教師や指導者を訪ね、あなたに対するわたしのメッセージや、ある種の「マスター」や「ガイド」からの助言や支援を得ようとしたことさえあるだろう。だが結局は、やがて必然的に訪れる幻滅による悲しみと屈辱の中で、あなたは再びあなた自身、つまり、内なる教師であり、あなたの真の自己であるわたしへと戻ってくる。

そう、あらゆる欺瞞、あらゆる規律、あなたがわたしの御業と信じることへのあなたの――金銭や奉仕はもとより――情熱と献身をことごとく奪い、個人的な力と信者たちの間での威信を高め、強化するためにそれらを身勝手に利用すること、そして、あなたがた一人ひとりを巧妙におだてあげ、霊性の向上を約束し、高尚で優雅な霊的教えを装った詭弁を弄しては、あなたを縛りつけ、彼らを支持し、敬い、賞賛し続けるようにすること、さらには、あなたからの無条件の信頼と服従を得られないときのために、わたしの不興を盾にしてあなたを脅すことまで——そうだ、わたしがこのすべてを許しているのだ。それは、あなたが望み求めるものであり、欲望は真にわたしの意志の代理人であるからだ。

あなたは、今述べたような教師には分類できないと思われるような他の教師たちにも——目に見えるものであれ見えないものであれ、また、いかにもまじめで善意に満ちた霊的な賢者であれ——無条件の愛と献身と忠誠とを捧げているかもしれない。そして、計り知れないほどの価値があるとあなたが思う教えと導きを受け取っているかもしれない。

すべてはそれでよい。あなたが、求めているもの、必要だと思っているものを受け取っているかぎりは。わたしはそのような欲望を満たすために、これらすべてを供給しているのだから。しかし、そのようなものはどれも無益で、真に求めている結果を生み出しはしないということを覚えておきなさい。なぜなら、霊的な達成を得ようとするあらゆる探求や欲望は個人的なものであり、それゆえに利己的で、結局は失望や幻滅、屈辱しかもたらさないからだ。

幻滅と屈辱の中でこそ本当の結果が得られるのだということを、あなたが理解することさえできればよいのだが。というのは、それらもまた、人間の教師から助けを得られるという可能性を提示したとき、わたしがあなたに開示し、そこへと導いたものなのだ。そして、この幻滅と屈辱は、わたしが意図的にあなたにもたらしたものであり、それはもう一度、あなたが幼子のように従順で謙虚になったときに、内側で語りかけるわたしの言葉に耳を傾け、従う準備ができるようにするためであり、そうして、聞き、従うことで、あなたはわたしの王国に入ることができるのだ。

そうだ。かくして外側へと向かう探求は終わりを告げ、あなたはわたしのもとへと戻るしかなくなる。疲れ果て、裸のままの、飢えているあなたは、わたしの教えに喜んで耳を傾け、わたしのパンの一かけらを得るためであれば、どんなことでもしようとするだろう。それは、強情でうぬぼれていた、かつてのあなたであれば恥辱とみなし、あなたの誇り高いスピリットには値しないと考えていたことだ。

さて、もしあなたが教えや教師はもう充分だと感じ、あなたの内側にこそあらゆる**智慧の源泉**があると確信しているなら、これらの言葉はあなたのハートに語り尽くせぬほどの喜びをもたらすだろう。なぜなら、これらの言葉は、あなたがすでに内側で感じていることが真実であると確信させずにはおかないであろうから。

あなたがたのうち、このことが理解できず、いまだに**媒介者**を必要とする者がいるなら、そのあなたの贖いのために、**わたし**は十字架にかけられた**キリスト**の物語を用意したのだ。あなたという人格を磔（はりつけ）にすることによって、あなたがどのように生きることを**わたし**が望んでいるかを描写し、あなたが**わたし**との**一体性**へと意識を高めることができるように。

だが、あなたに、それに耐えられるだけの強さがあるなら、あなたと**わたし**との間には媒介者は必要ないと伝えよう。わたしたちはすでに**ひとつ**なのだから。ただあなたがこのことを知りさえすれば、あなたは意識の中で直接、すぐに**わたし**のもとに来ることができる。あなたの内なる**神**である**わたし**は、あなたを受け入れ、そして、あなたは永遠に**わたし**とともにある。**わたし**の**息子**である**ナザレのイエス**がそうであるように、〈**われ在り**〉は今でも、一九〇〇年前に表現したように、そしていつの日かあなたを通して表現するように、彼を通して表現しているのだ。

あなたがたのうち、わたしがどのようにして、なぜ、見たところ自らが表明した教えに沿って生きられそうもない人格を通して、美しく霊的なことを言うのだろうかと不思議に思う者がいるなら、**わたし**は次のように伝えよう。

わたしは、**わたし**の**意図**を表現するために、あらゆる手段を**非個人的**に使用する。

わたしは、ある者においては、他の者よりも優れた表現媒体となるよう準備したが、その彼が、個人的には**わたし**については何も知らないということがある。

また、ある者においては、**わたし**をより深く受け入れられるようハートを活性化し、それによって意識的に、**わたし**と**ひとつ**になるようにしたこともある。

そしてまた、ある者は**わたし**と**ひとつ**になり、もはや意識のうえで**わたし**から離れることはなく、彼の中で**わたし**は生き、活動し、**わたし**の**霊的本質**を表現することもある。

地上での表現が始まった当初から、わたしは、わたしの司祭、わたしの預言者、わたしの救済者を準備し、わたしのイデア、すなわち、最終的には肉体となる、わたしの言葉を世界に発信しようとしてきた。

しかし、わたしが司祭や預言者、救済者を通して語ろうと、幼子を通して語ろうと、あるいはあなたの最悪の敵を通して語ろうとも、あなたに強く訴えかける言葉はすべて、あなたという〈われ在り〉が、そのような媒体となる器官を通して、あなたの魂の意識に語りかけているのだ。

わたしの司祭のひとりを通して語られるわたしの言葉を聞くために多くの人が集まるならば、それは司祭自身ではなく、聴衆のひとりひとりのハートの中にいるわたしが、人々の意識に深く染み入る生きた言葉を、その司祭から引き出しているということだ。その司祭は、自分が話すことの何があなたに影響を与えるのかを知らず、それどころか、あなたに伝えた言葉の中にあるわたしの意図すら理解していないかもしれない。

彼の内なるわたしこそが、意識的にであれ無意識的にであれ、彼の周囲に集まった人々によって表現されたわたしへの献身と信仰を結び合わせ、霊的な力を引き出したのだ。この霊的な力は、わたしの意図を理解させるためにわたしが用意した人々の意識へとわたしが到達するためのチャネル、連絡網としての役割を果たしている。というのも、わたしは同じ言葉をすべての者に伝えているが、それらの言葉は各人にとって異なる個別のメッセージを含んでおり、したがって、誰も、わたしがその者に伝えたメッセージ以外のことは知らないからだ。あなたに内在するわたしが、その言葉の中からあなたのために意図したものを選んでいるのであり、同様に、あなたの兄弟姉妹に内在するわたしが、各人のためにわたしが意図したものを選んでいるのだから。

わたしの名において、二人、三人が集まるとき、わたしは常にそこにいる。なぜなら、彼らを結びつけるイデアは、それぞれに内在するわたしの働きかけによるものであり——わたしのイデアであるからだ。彼らの、わたしに寄せる思いを重ね合わせた中から、わたしは媒体(ミディアム)、つまりチャネルを創り出し、それを通してわたしは、それぞれの者に理解できるような形で、魂の意識が、わたしを垣間見ることができるようにしているのだ。

すべての司祭、すべての教師、すべての媒体に対して、わたしはこのことを本能的に理解させる。彼らはわたしによって選ばれた聖職者だからだ。そして同様に、わたしは彼らの中に、信奉者たちに囲まれたいという欲求を目覚めさせる。そうすることによって、準備ができた者たちのハートに、内なるわたしの臨在という意識を呼び起こすことができるように。司祭、教師、すなわち媒体は、自分自身では内なるわたしを認識したことがないかもしれないし、わたしを、自分以外のマスターやガイド、救世主として実体化させたり人格化したりしているかもしれない。しかし、にもかかわらず、このようなわたしの聖職者たちのもとへとわたしは人々を導く。そして、さまざまな熱意ある者たちの霊的な力とともに、わたしが聖職者たちに語らせる言葉を通して、わたしは人々の魂の意識を目覚めさせ、わたし、つまり、あらゆるものの中心にあり、それぞれのハートに座している非個人的な一なるものを真に認識できるようにしているのだ。

わたしの聖職者の〈われ在り〉と、それぞれの信奉者の〈われ在り〉はひとつであり、意識においても、理解においても、愛においても、目的においてもひとつであり、その目的とは、わたしの意志の成就だ。

完全に非個人的な、この〈われ在り〉は、時間も空間も知らず、個々のアイデンティティももたない。それは、聖職者と信奉者双方の人格、そして個人的な接触の機会をただ活用しているにすぎない。外的な表現を求めておのおのの内側で奮闘している、わたしのイデアに声を与える手段として。

わたしに従う者たちの信頼と信用を手に入れ、それを私的な目的のために利用するこれらの聖職者たちを、わたしは適切な時期に、わたしの意志とわたしのイデアの認識へと目覚めさせる。しかし、この目覚めは彼らの人格にとって喜ばしいものではなく、ほとんどの場合、大きな苦痛と屈辱をもたらすことになる。だが、わたしがそれを成し遂げるとき、彼らの魂は喜び、わたしに感謝し、賛美の歌をうたうのだ

だから、ときには、すばらしい真理の言葉が、見たところそれを語るにふさわしくない、そ

の意味を理解していなさそうな者の口から発せられても、不思議に思うことはない。また、ただの信奉者が、しばしばその教師よりも早く目覚め、成長したとしても不思議ではない。教師と信奉者の双方の内に宿るわたしは、それぞれの魂においてわたしの属性を表現するために、異なる状況を選び、異なる手段を与え、彼らが互いに最も補い合い、助け合うことができるような時間と場所に、それぞれを当てはめている。このようにしてすべては統合され、その状況下で可能なかぎり、最も調和のとれた、わたしのイデアの表現となるのだ。

15 マスター

わたしとの結合を熱心に望む一人一人のために、わたしが「マスター」や聖なる教師を授けるということがさまざまな教えの中で言われているが、そのような考えをいまだにもち続けているあなたに、わたしの言葉を伝えよう。

わたしが過去に、あなたがあらゆる神秘的、オカルト的な書物や教えにのめり込むのを許してきたことは事実だ。そのような教えの中で誉め称えられている、この結合を達成するための力を得たいというあなたの密かな願いをわたしは励まし、そのような力が自分にもありそうだとあなたに少しばかり意識させたほどだ。

あなたが、ある種の訓練を行い、ある種の方法で呼吸し、ある種のマントラを唱えれば、見えない世界から「マスター」を呼び寄せることができるかもしれないと信じることさえ、わたしは許してきた。そのマスターはあなたの師となり、あなたが上級の地位に進むための、ある種のイニシエーションを準備し、そこでは、存在の内なる界層という秘密の秩序の中で、わたしの聖なる智慧の多くが開示されるだろうと、あなたは信じてきた。

わたしはこれらのことを許しただけでなく、もしあなたに理解できるなら、わたしこそが、あなたをそうした書物へと導き、そうした願望を呼び起こし、そうした信念をあなたの心に宿らせたのだ。ただしそれは、あなたが想像するような目的のためではない。

そう、わたしがこれらの教えや願望、信念のすべてをあなたにもたらしたのは、わたしの聖なるイデアを表現するためにわたしが使用する力を、あなたの人間としての心に示すためだった。

わたしはこのような力を天の階層(ヒエラルキー)として描写した。あなたの人間としての知性がよりよく理解できるように、それらを天使または聖なる存在として、わたしの意志の非個人的な代理人もしくは執行者として描き、原初にあったわたしのイデアを表現するプロセスに関与させたのだ。

しかし、あなたは理解しなかった。

あなたの人間としての知性は、いくつかの教えの中で説かれているように、そういった存在のひとりと出会い、親交を結ぶ可能性に夢中になってしまった。すぐに彼らを擬人化し、あなたの人生の中に現れることを待ち望み、彼らがあなたの**人間的**な日常の出来事に関心を抱いていると想像するようになった。そして、ある教えの中で定められた何らかの規律に沿って生きれば、彼らの機嫌を取ることができ、それによって彼らが、あなたが涅槃（ニルヴァーナ）や不死を獲得する手助けをしてくれるかもしれないと考えたのだ。

さて、わたしは、あなたがそのような妄想にふけることを意図的に許してきた。あなたが切望し、祈り、そして、与えられた指示をすべて守れるよう熱心に努力するにまかせた。ときには、自己誘発的な夢や幻の中で理想の存在を垣間見せることにより、あなたがそれを「マスター」だと信じるのを許すことで、あなたを導くこともした。

わたしは、あなたの中で、ある種の能力が開花するよう促すことさえしたかもしれない。その能力とは、あなたの願望に引き寄せられ、あなたのマスターやガイドとしての役割を果たしてくれる、霊的な世界へと移行した人格の存在を感じ取る力のことだ。

しかし今、そのような存在はマスターではなく、また、聖なる存在は自らをマスターと呼んだりはしないということを、あなたが知るべきときがきた。わたし、つまりあなた自身の本当の自己である〈われ在り〉のみが、今ではあなたのマスターであり、あなたがあなたの兄弟の中にも、わたしの存在を知ることができるようになるまでは――

どのような存在であっても、それが人間であれ霊体であれ、あなたの意識に現れ、マスターだと主張するもの、あるいは、あなたにマスターと呼ばれることを許すものは、あなたと同じようなひとつの人格にすぎない。それゆえ、その存在がどれほどすばらしい「真理」を口にし、「驚くべき」ことを成したとしても、それはあなたの人間としての心が理解するほどには神聖ではないのだ。

あなたの人間としての心がそのような他の存在にマスターという概念を求め、それを崇拝しているかぎり、また、その存在がどんなに高尚で神聖に見えるかにかかわらず、あなたがそのような考えに満足しているかぎり、まさにわたしは、あなたがそのような「マスター」に出会い、心通わせることをおそらくは許すかもしれない。

そのような「特権」があなたに与えられるとするなら、それはただ、あなたの目覚めと、それに伴う幻想の払拭を促すためだ。そのときあなたは、その「マスター」が、たとえあなたよりもはるかに目覚めているとしても、結局はひとつの人格にすぎず、あなたの内なる魂があなたに知ってほしいと切に願っている、神聖な一なるものではない、ということを知るだろう。

というのも、わたしはあなたに、目に見えるものの裏側にある現実を教えるために、あらゆる考えを授けている。そして、もしもわたしがあなたに、あらゆる人間、あらゆる人間的な教え、さらには聖なる完全性についてさえ、見せかけの欺瞞と、信頼の喪失へと導いたならば、それはただ、実体とその影とをもっとはっきりと見分られるようにするためであり、わたしがあなたのために描きたいと待ち望んでいる、はるかに高い**理想**へとあなたを準備させるためなのだ。

あなたは、人間としての人格の中では、あなたの人間としての心が思い描ける程度の理想にしか近づくことができない。だが、**欲望**を通して、わたしはわたしの**意志**をあなたの中に現出させ、**欲望**を通して、多くの驚くべき仕事を為す。

あなたがこれを疑うのなら、ただ、次の鍵（キー）を当てはめてみればよい。

マスターについて思考することとは、それを創造することだ。

このマスターの概念は、あなたの思考によって、あなたが**マスター**とはこうあるべきだと望み、想像するものとなる。

言い換えれば、思考することにより、あなたはこの概念の周りに、**マスター**に備わっているはずとしてあなたが想像するものを構築する。あなたの人間としての心は、欲望を通して、願望を通して、崇拝を通して、ひとつの人格にすぎない何らかの想像上の存在に、これらの資質を付与せざるを得ない。というのも、あなたにはまだ、非個人的な存在を想像することができないからだ。

したがって、あなたの願望と思考の強さに応じて、この概念は遅かれ早かれ、そのような生身の人格、もしくは、ビジョンや夢の領域に存在するものをあなた自身に引き寄せることによって、具現化することになる。

あなたの人間としての心というものは、ときおり、人間的な試練や問題を抱えている際には、説明やアドバイスを授けてくれるマスターが必要だと考え、人生の問題はそのようにして解決できると考えている。だがもし、あなたを見捨てたり欺いたりして、あなたを失望させ、幻滅させ、屈辱を与え、あなたをついにわたし、つまり、あなた自身の自己へと送り返すような誰かをわたしがあなたに引き寄せるなら、おそらく、そのときようやく、あなたは内なるわたしへと戻る準備ができるだろう。そして、何年もずっとあなたに語りかけながら、あなたの高慢で利己的な心が聞こうとはしなかったわたしの声に耳を傾けようとするだろう。

あなたがたのうち、このような経験をまだしたことのない者、人間であれ霊的な存在であれ、あなたの憧れのマスターに出会ったことのない者、また、わたしの言葉の真理に対し、生き生きとした反応を示さなかった者――そんなあなたのために、わたしは、後に必ずあなたをわたしのもとへと導くであろう、ある経験を用意している。そのとき、あなたは知ることになる。〈われ在り〉がマスターであり、それが、内側から来たのであれ外側から来たのであれ、あなたの心に生じたマスターについてのあらゆる思考や憧れの内奥にある、霊感をもたらすイデアだということを。

「弟子に準備ができたとき、師（マスター）は現れる」という教えがある。ある意味、これは正しい。ただし、あなたが解釈するような意味においてではない。

マスターを求めるあなたの密かな願いは、わたしがその出現を準備したときにのみ、そのようなマスターをあなたのもとへと連れてくるだろう。だが、そのようなマスターの出現は、ただの見せかけにすぎない。真のマスターや教師は、現れたとしても、あなたがそれに気づくことはない。なぜなら、彼は興味深い友人や、仕事仲間、隣の住人、あなたの妻や夫、あるいは子どもの中に隠れているかもしれないからだ。

あなたがたのうち、欲望を超越した者や、もはやマスターも教師も、わたしをも求めなくなった者、それでありながら、わたしの永遠の臨在と約束への信頼の中にのみとどまっている者よ。――あなたのために、わたしは出会いと親交を用意しておいた。それは、あなたの魂に、人間としての心には想像もつかないような、大きな喜びと祝福をもたらすだろう。

さて、これはある種の神秘であり、あなたがそれを理解できるようになるまでは、いま述べたことはここでの主張のいくつかと一致せず、わたしの他の啓示書における教えとも矛盾している、とあなたが主張したとしても、それはもっともなことだ。

怖れることはない。この神秘はあなたにも明かされるだろう。――もしもあなたが、真にわたしの意図を知りたいと願うならば。

そのときまで、あなたの探求において、どうして至高なるものの手前で満足している必要があるのだろうか？

どうして、人間の教師や霊的な教師、ガイド、マスター、天使のうちに、わたしの完全性の限定的な顕現にすぎないものを求めるのか？ あなたの内なる神であり、全知全能で、遍在し、すべての顕現の背後と内部にある、霊感をもたらすイデアであるわたしのところに、あなたは直に訪れることができるというのに。

〈われ在り〉はあなたの内にあり、また、あなたが探しているどのようなものの中にも、〈われ在り〉はある。彼らが有するすべての智慧、すべての力、すべての愛は、わたしからのみ生じるというのに、どうして今、わたしのもとに来て、わたしがあなたの準備を整えるにまかせないのか？ そうすれば、わたしは、あなたを通して、わたしのすべてを表現できるというのに。

あなたは人間としてのひとつの人格でありながら、**神聖**であり、それゆえ完璧だ。

この真理の前半をあなたは信じるが、後半を信じない。

しかし、**両方**が真理だ。——**それ**が神秘(ミステリー)なのだ。

あなたは、まさに**あなたとはこうであると思う通り**の存在だ。

どちらがあなたなのだろうか？——それとも、両方だろうか？

あなたは**わたしとひとつ**だ。〈**われ在り**〉はあなたの内に、あなたの人間としての人格の内に、**あなたの肉体**、心、知性の内にある。〈**われ在り**〉は、あなたの身体の細胞ひとつひとつの中に、あなたの心のあらゆる属性の中に、あなたの知性のあらゆる能力の中にある。〈**われ在り**〉は魂であり、それぞれの活動**原理**だ。あなたはわたしの内にある。あなたはわたしの**身体**のひとつの**細胞**であり、**わたしの心**のひとつの**属性**であり、わたしの**知性**のひとつの**機能**だ。あなたはわたしの一部であるばかりでなく、あなたはわたしであり、わたしの自己だ。わたしたちはひとつであり、常にそうだった。

わたしがあなたの心に注意を促した、このマスターという概念は、あなたをわたしというイデア、すなわち、内なる非個人的な自己であり、光の天使であり、わたしという存在の輝き、あなた自身の聖なる主でありマスターであるものへと導き、準備をさせるためのものだった。

そうだ、あなたの聖なる自己である〈われ在り〉こそが、あなたの魂があなたに探求させたマスターなのだ。あなたがわたしを見つけ、〈われ在り〉があなたの自己だと知るとき、あなたは人間としての意識において、喜んでわたしの弟子となり、愛情をこめてわたしを待ち、あなた自身の内側と、あなたがたの仲間内で、わたしに忠実に仕えることだけに専心するようになるだろう。そうしてあなたは、なぜ「汝らのマスターはただひとり、すなわちキリストなり」*かを理解するのだ。

なぜなら、キリストであるわたしはすべての人の内に宿り、彼らの唯一無二の自己であるからだ。あらゆる人々を通して、〈われ在り〉はずっとあなたに語りかけ、あなたの人間としての意識に到達し、印象を残してきた。〈われ在り〉は人々を通してだけでなく、その時々に必要な手段を使って、あなたを指導し続けている。つまり、わたしにはあなたの意識に到達するためのたくさんの方法があり、わたしはそのすべてを用いて、あなたをわたしの意図に目覚めさせようとしているのだ。

わたしはさまざまな声で語りかける。——**人間として**のあらゆる感情、情熱、欲望という声を通して。自然の声で、経験という声で、人間としての知識という声で、語りかける。

そう、これらはすべてわたしの声だ。〈われ在り〉はすべての内にあり、〈われ在り〉はすべてであるという、**ひとつの事実**をあなたに示すために、わたしはその声を非個人的に用いている。何千通りものやり方でこの声が語っているのは、あなたもまた、このすべての一部であり、〈われ在り〉は**あなた**の内にあるということだ。〈われ在り〉は、あなたがわたしを認識するのを待っている。そして、天国でもそうしているように、地上において、非個人的な完全性というイデアをわたしが表現するなかで、あなたが**意識的**に協力してくれるのを待っているのだ。

このことが認識されたとき、そのときにのみ、あなたは本当のマスターと出会い、マスターを知る準備ができる。そのときにのみ、あなたは、なぜあなた自身の非個人的な自己であるわたしだけが、あなたの人間としての人格にとってマスターたりうるのか、そして実際にそうであるのかを理解するだろう。

そうしてあなたは、あなた個人の分離した意識の中では、肉体をもつマスターと出会ったとしても、なぜ彼を本当のマスターとして認識できないのかを理解するだろう。――あなたがキリスト意識、つまり、あなたの内に、そして彼の内にあるわたしの意識に入ることができるようになるまでは、彼はあなたにとって、親切で助けになる友人や教師としてしか存在しないだろう。

あなたがこの意識に到達したとき、そのときはじめて、あなたはスピリットの偉大なる同胞団のことを知り、彼らと親交を結ぶに値する者となり、またその資格を得るだろう。彼らは自己を制した者たちであり、彼らの若い同胞たちが同じように、内側に、神聖な一なるものを見いだせるよう手助けするためだけに生きているのだ。

もしも、あなたの生活の中に、あなたの目には神聖に見え、あなたにマスターと思われたり呼ばれたりすることを許す存在が現れたとしても、その人はまだ完全には非個人的な存在ではない。その人はマスター的な人物かもしれないが、あなたの魂が奉仕したいと願うような、神聖な一なるものではないのだ。

おそらくあなたは、その人が完全に非個人的ではないとしても、そのような人物をマスターとして受け入れることに満足するかもしれない。もしそうなら、わたしは今後、わたしの非個人的な完全性と絶えず比較することによって、彼の個人的な不完全さをあなたに認識させるだろう。あなたがついにすべてを明け渡してわたしへと向かい、わたしとわたしの非個人性こそが唯一のモデルであり、理想であると認め、そしてそれこそが、あなた自身の魂の奥深くに隠れていて、内側でしか見つけられないわたしの完全性を、長く外側に求めさせた真の原因であると認めてわたしへと戻ってくるまで、そうすることだろう。

＊「マタイによる福音書」第二三章第一〇節。One is your Master, even Christ. 原文はジェームズ王の欽定聖書による。

16　キリストと愛

あなたがたのうち、わたしの言葉が、あなたがたの主イエス・キリストへの信仰と愛を破壊するのではないかと怖れている者に、わたしは伝えよう。

およそ二千年前、わたしのイデアを表現する過程において、わたしの聖なる真実（リアリティ）の一部を示すことができる段階が訪れた。それを実現させるため、また、わたしの人間的属性たちに自らの地上での使命を思い起こさせるために、わたしの聖なる属性を、ある人格を通して表現し、人間の姿で顕すことが必要となった。それによって、彼らの人間としての心と知性が内なるわたしを見て、思い出し、霊感を得て、同じように、わたしのイデアを、人間としての人格を通して表現し、具現化するようにしたのだ。

わたしはこれをガリラヤのイエスという人格を通して行った。彼を通して伝えられたわたしの教えと、彼によって示されたわたしの生命によって、わたしは、わたしの聖なるイデアを完全に表現するために必要なことを、人間が理解できるよう描き出した。

そのような目的のために創造した、彼の人間としての人格に、わたしは、ある象徴的な経験をさせた。それによってわたしが示したのは、すべての人格がこれを経験してはじめて、わたしの人間的属性であるあなたがたも、再び非個人的となって、わたしとともに、わたしの聖なるイデアの意識的な表現者になれるということだ。

わたしの人間的属性であるあなたがたは、誰もが、内なる〈われ在り〉が、あなたの人間としての心を、あなたの聖なる自己であるわたしへと目覚めさせる前に、つつましやかな飼い葉桶の中で、純潔の愛によって生まれなければならない。――そこは牛たちが餌を食べに集まるところだ（謙虚で悔い改めた心は、神への信仰と信頼に満ちており、人間であれ動物であれ、そのような状態に至る必要がある）。それからあなたはエジプトに連れて行かれなければならず、そこは暗黒（もしくは知的な活動）の地であり、そこでは内なるわたしを感じて強くなるまで、身体と理解の中で成長し、発展しなければならない。そうして、あなたがわたしの力とわたしの愛を充分に意識したとき、わたしはあなたを通して真理と智慧の言葉を語り始めるが、それは世の学者たち、律法の博士たちをも困惑させるだろう。その後は、心を成熟させ、魂を発達させる学びと瞑想の長い時代が続く。これは、あなたが内なる〈われ在り〉の意識を完全に成熟させるまで続き、こうしてあなたに、ヨルダン川での洗礼*の準備が整う。そのときあなたは、わたしに対して完全に心を開き、あなたとわたしはひとつであり、分離はなく、〈われ在り〉こそがあなたの本当の自己であるということを完全に意識するようになる。そしてこの後、〈われ在り〉は、完全にあなたの人生を導くことが可能となるのだ。

それからわたしはあなたを、わたしのもうひとつの啓示書においては荒野と呼ばれている世界へと導く。そこであなたを試し、強くし、わたしの聖なる属性を非個人的に用いることに慣れさせるために、わたしはあなたに、力、独善、金銭という三つの大きな誘惑をもたらす。それはあなたが、どんな知性も、どんな自己も、どんな外部のものも、内なるわたしを忘れるようにそそのかすことはできないし、わたしの声とわたしのものだけが、たとえそれがあなたのハートの中で、あるいはあなたの兄弟のハートの中で語るのであれ、今、あなたが聞くことのできる唯一の声であると理解するまで続くのだ。

その後は、奇跡を行い、群集に教えを説く時代が始まる。これは不信とあざけりの世界からの罵りと迫害を伴い、世俗の法の代表者であるポンティウス・ピラトの前での裁判へと続く。判決が下され、十字架を担いでゴルゴダの丘*にのぼり、磔にされ、苦悶、墓の中での三日間、そして最後の復活へと至り、そのとき、あなたはわたしと完全に結合することになる。

これらすべてには内なる意味、つまり魂にとっての効用があるのだが、それは、あなたがわたしに心を開いているならば、容易に理解されるはずだ。

あなたや、わたしのかつての啓示書で示されたわたしの教えを学び、それに従ってきたすべての人にとって、過去における道とはこのようなものであった。そして今、あなたや多くの人々のために、わたしが新たな摂理を用意するときがやってきた。そこでは、あなたは非個人的なやり方でわたしの意識の内に、直接、**ただちに**入ることができる。あなたがたのうち、充分に成長し、人間としての人格の要求をすべて捨て去る強さをもち、〈われ在り〉と言うことができる者、さらには、〈われ在り〉は内なる〈一なるもの〉であり、強さを授け、外界の誘惑や影響を超越させてくれる存在であると知る者――これらの者こそ、わたしの聖なるイデアの驚くべき栄光のすべてを表現するために、わたしが選んだ者たちだ。

あなたがこの地点まで到達し、わたしとともに、わたしの聖なるイデアの意識的な表現者となるよりも前に、キリスト、すなわち〈われ在り〉の意識は、あなたのハート、またすべての人間的人格のハートの中に生まれ、成長し、何らかの形で、イエスの生涯に象徴されるすべての経験を経なければならない。わたしがその生涯において示したキリストの愛と慈しみという手本を、あなたもまた自らの人生において、その愛の果実を味わう前に、ある程度表現しなければならないのだ。だが、その愛は実際には愛ではなく、聖なる三位一体――愛・智慧・力――であり、それこそが、わたしの非個人的な生命（インパーソナル・ライフ）の真の表現だ。

あなたはこれまで、非個人的な生命（インパーソナル・ライフ）の意味を知らずにいた。それゆえ、非個人的な愛の意味を知ることもなかった。あなたにとっての愛とは、もしあなたがその感情を注意深く分析するなら、常に人としての感情または表現であり、人間的な、あるいは個人的な利害関係を排除した、それと関係しない愛についてはは想像もつかなかった。さて今、あなたがハートの内にわたしを感じ始め、ハートを大きく開いてわたしを受け入れるようになるにつれ、わたしはあなたを不思議で奇妙な、新たな感覚で満たすが、その感覚は、あなたという存在のあらゆる組織を創造的本能で活性化し、あなたにとって、紛れもない生命の霊薬となるだろう。なぜなら、その感覚の外的な表現において、わたしがこのようにあなたを通して、それを世界へ注ぎ込むとき、あなたはわたしの聖なる非個人的な愛の言葉にならない甘美さを、心の光明と無限の力の意識とともに味わうからだ。そしてそれは、あなたを完全に無私にし、したがって、わたしの聖なるイデアを非個人的に表現するための完璧なチャネルにする。

それから、あなたはわたしの一部であり、他のあらゆる存在の一部であり、あなたやあなたが所有するすべてはあなたのものではなく、わたしのものであり、どこで、どのようにわたしが指示するのであれ、使用するためにあると理解することになる。

あなたの人生はもはやあなたの自己を中心としたものではなくなる。その自己は失われ、あなたの他の自己たちと融合してゆく。そして、あなたの人生、あなたの理解、あなたの強さ、あなたの実質――それらはわたしの非個人的な生命（インパーソナル・ライフ）、つまり、わたしの非個人的な愛の諸相に他ならない――を惜しみなく分け与えるだろう。それをわたしはあなたに、そのような用途のためだけに与えたのだ。

キリストであるイエスの人格において、わたしは非個人的な愛を多分に顕した。あなたに充分な霊感を与え、彼の人生や彼の人格を見習うように導き、そのような探求と努力を通して、あなたの内にあるキリストの意識を目覚めさせるためにだ。この目覚めを通して、また、キリストとは、わたしへとつながるチャネルもしくは扉にすぎないという認識を通して、わたしはあなたをついに、わたしの非個人的な生命（インパーソナル・ライフ）に入り込み、意識的にその一部となることのできる地点まで連れてきた。

わたしはここではっきりと、わたしの非個人的な愛は、個人的な生活や愛とは一切関係ないと伝えよう。そのようなものはすべて外的な媒体にすぎず、わたしはそれらを、人類のハートから世界へと、わたしの真実の愛を放出させるために用いている。そこではその愛が、すべてを包み込み、活性化する、創造的で、高揚させる力を表現しているのだ。

わたしの愛は、個人や人格を考慮しない。それらは人生というチェス盤の駒にすぎず、わたしはそれらをわたしの目的――わたしの聖なるイデアを人類において、十全かつ完璧に表現すること――を果たすうえで、最適だとみなす通りに動かす。

あなたが人間としての人格において、それを通してのみ、あなた自身の考えを表現することができるのと同じように、わたしは人類の中においてのみ、わたしのイデアを表現することができる。

人類の中に、わたしは生き、活動し、わたしという存在を保持する。あなたの個性とその身体を、あなたが自らの存在を表現するために用いるのと同じように、それは、わたしの不死なる自己の、地上における個性と身体なのだ。

身体を有する個人としての人格はすべて、人類というわたしの身体の細胞に他ならない。ちょうど、あなたという〈われ在り〉があなたの身体をつくり、それによってあなたが、あなたというわたしのイデア、すなわちあなたの本当の自己を完璧に表現できるようにしているように、わたしは徐々に人類というものをつくりあげ、それによってわたしの自己というわたしのイデアを完璧に表現できるようにしているのだ。

人類というわたしの身体の個々の細胞は、あなたの人間としての細胞がそうであるように、わたしの生命を分かち合うことによって、それらが形づくる器官の非個人的で調和的な一部となり、健康で幸福な生活を営んでいる。しかし、あるひとつの細胞が、その器官の全般的な決まりごとに逆らったり、矛盾した行動をとったりするなら、その器官が調和して機能することは不可能となり、それはおのずと全身に影響を及ぼし、病という結果を生み出すことになる。

ある器官のそれぞれの細胞は、その器官にとっての不可欠な部分であり、それらの働きは、その器官が完璧に機能し、わたしの身体の健康を完璧に保つうえで必要となる。したがって、それぞれの細胞が、わたしが与える生命の属性にすぎない、その力と知性のすべてを、わたしの全身体を完璧に機能させるために手放さないかぎり、わたしの身体は、結局は調和を保つことができなくなる。そして、病気、苦しみ、罪、束縛、貧困、理解の欠如、崩壊、死という結果に至るのだ。

同じように、それぞれの器官が、完璧な健全さの中で**わたしの身体**の生命を表現し、維持するという目的のために、わたしがそれらに授ける力と知性のすべてを手放さないかぎり、その結果は、無秩序、混乱、反乱、ついには戦争となる。さまざまな器官の間で、個々の細胞間での争いが起こり、**わたしの身体**全体に、大なり小なり、混沌とした状態が生じるのだ。

人類という**わたしの身体**において、これは、**わたしの身体**の**諸器官**にあたる国家間の戦争を意味する。あらゆる戦争は急性の病もしくは不調和に他ならず、**人類**において**非個人的な愛**として顕れる**わたしの生命**は、肉体においても調和の中でのみ表現が可能であるため、そのように表現できるように、常に、さまざまな状態を活用し、調整し、準備を整えているのだ。

それは、身体のさまざまな器官から、あらゆる病気や、弱って適応できない細胞を徐々に取り除いたり、もしくは、その病気を悪性のもの、例えば、肉体における熱病、水腫（すいしゅ）、癰（よう）（悪性の吹き出物）、敗血症、退行性の疾患へと進行させたりすることによって行われる。こうして、特定の器官が浄化されるか、もしくは、その器官の機能が完全に崩壊するまで、何十億もの細胞が素早く除去される。

言い換えれば、各細胞と各器官の本当の生命と働きとは、それぞれが個々の生命を手放すことによって、わたしの身体全体が完璧な調和の内に存在し、表現できるようにすることだ。各細胞や各器官がそれ以外のことを考えず、それぞれが、わたしの非個人的な生命（インパーソナル・ライフ）がよどみなく流れることのできる純粋な無私のチャネルとなったとき、わたしの身体は調和のとれた、完璧な全体となる。そしてそのとき、わたしのイデアは、永遠なる天界においてそうしているように、地上においても、その聖なる力と可能性を表現することができるのだ。

あなたが自己を完全にわたしへと明け渡し、わたしがあなたを通して、わたしの聖なる非個人的な愛を注ぐことができるようになり、あなたが、わたしの本当の生命であるその愛の完璧な表現以外のことを考えなくなったとき、そのときわたしは、あなたを通して、徐々にあなたの周りにいる人々を活気づけ、目覚めさせ、彼らの内なるキリストであるわたしを認識させることができるだろう。そうすれば彼らもまた、彼ら自身を完全にわたしへと明け渡すだろう。そしてついには、その器官、つまり、あなたや彼らが形づくる人類という、わたしの身体の特定の部分は、完璧な健康と調和を獲得し、それがわたしの身体全体に完璧な健康をもたらし、維持することに貢献するのだ。

そのようなときが来れば、わたしの聖なる生命の力、すなわち、わたしの非個人的な愛は、人類すべてに流れ込み、そこに顕現するだろう。そして、わたしのイデアは、天国と同じように、地上においても完全に表現されるだろう。地球と、地上にある肉体のすべては、もはやかつてそう見えていたような粗雑な物質ではなくなり、自己が完全に浄化され、清められ、降臨してきた元の場所へと再び引き上げられるだろう。その創造の目的、すなわち、わたしの聖なるイデアの外界への顕現と人間的な表現のための生命体の発達という目的は成し遂げられ、そのような表現のための物理的で外的な媒体はもはや不要となる。それゆえに、その後、わたしは心という実質でのみ創造し、表現することになるだろう。それは、非個人的な生命（インパーソナル・ライフ）という天上界において必要とされる、唯一の媒体なのだ。

＊ヨルダン川での洗礼：イエスが洗礼者ヨハネから洗礼を受けた故事にちなむ。
＊ゴルゴダの丘：イエスが磔にされた場所。「ゴルゴダ」はアラム語であり、ラテン語では「カルバリ」の丘という。

17　わたしを見つけること

あなたがたのうち、ここで語られてきたことのすべてに慎重な考察を重ね、わたしを垣間見たとは思うものの、いまだ確信をもてないでいる者よ。近くに来て、わたしが今から語ることに、あなたの魂でもって耳を傾けなさい。

静かに！――そして**知りなさい**――〈われ在り〉は――**神**であると。

もし、「静かにある」ことをあなたが学んだならば、もし、この「わたし」をあなたの内なる**神**として探究し瞑想したならば、そしてもし、あなたがそれを個人のわたしと識別することができ、ときおり意識的に、いわば、あなた個人から抜け出して、人間としての自己をありのままに見て、その卑小な欠点や弱さ、卑しい身勝手さ、動物的な欲望や激情、子どもじみた欲求、愚かなプライドや虚栄心のすべてを認識できるならば——

もし、あなたがこのすべてを行うことができ、明確なビジョンをもってこれらのことを見たならば、そのような瞬間には、あなたは意識の中で**わたしとひとつ**であったし、それはあなたの**本当の自己**、あなたの**内なるわたし**が、あなたにわたしの目を通して、物事の真実(リアリティ)を見ることを許可したからだということを知りなさい。

そのような瞬間には、あなたはあなた個人から解放され、**わたしの意識**——**宇宙意識**、**普遍意識**、**霊的意識**、**非個人的意識**など、何と呼んでもかまわない——の中に宿っていた。というのも、あなたは、これらのことを自分自身では見ることができず、**非個人的な目**、つまり**わたしの目**を通してしか見ることができないからだ。

もう一度振り返ってみるなら、あなたが何らかの行動へと強く駆り立てられたことが何度もあったことが思い起こされるだろう。あるときには、あなたはそれに従って完璧な結果を得たが、別のときには、あなたの理性が違う行動をとるようにと説得したために反対のことをして、しばしば失敗し、失望、苦しみという結果になったことだろう。

この駆り立てる意識こそが、あなたの**本当の自己**、あなたの内なる**わたし**であり、そのような瞬間にあなたを導き、あなたに何をすべきかを伝えている。そのとき、あなたはあなたの**霊的な耳**、つまり**わたしの耳**で聞いていたのだ。そして、あなたが**非個人的**に従ったときには成功と満足が続いたが、あなたが個人的に、自分はもっと良いことを知っていると考えたときには、困惑、後悔、不幸という結果に終わった。

さらにまた、何か事が起こりそうな感じがしたときや、見えない人物が近くにいるように感じたり、誰かに連絡するときに、しっくりこない波動を感じたりした瞬間があったかもしれない。

これらは本当のあなたが、**霊的**もしくは**非個人的な身体**でそれを感じ取っているのだ。その意識は、もしあなたにもわかるなら、常に警戒状態にあり、あらゆる外的な事物や状態、出来事からあなたを守り、警告やアドバイスを与えている。

あなたがわたしを知る、最も確実で最良の方法があるとするなら、それは、無私の愛があなたのハートを満たし、そしてあなたが、誰かを助け、その者たちの病を癒し、苦しみを取り除き、幸福をもたらし、真の道を指し示したいと強く駆り立てられるとき――これこそが、あなたが内なるわたしを実際に感じているということだ。そのときあなたは、個人性を脇に置き、完璧な愛、神のキリスト、すなわち、生命を吹き込み、活性化し、元気づけ、強化し、癒し、すべてを供給し、すべてを伝える宇宙の力であるわたしの本当の性質を表現する手段として、心や身体を、わたしが創造した目的のために用いている。

このようなことはすべて、あなたの霊的身体であり、内なる完璧な身体に宿るわたしこそが、常に、人生のあらゆる出来事の、あらゆる細部にわたって、あなたに語りかけ、助言を与え、教え導き、警告し、手を差し伸べているのだということを印象づけるために、あなたに示されているのだ。

もしあなたがわたしに向き直り、あなたが毎瞬受け取っているこれらの印象を注意深く見つめ、考察し、それらの印象を信用するようになり、そうしてわたしに全幅の信頼を置いて、**わたし**を待ち望み、拠り所とするなら、わたしは真に、あらゆる道において、あなたを導くだろう。あなたのためにすべての問題を解決し、あなたの仕事を容易にし、そうして、あなたは緑の牧草地へと、静かな命の水辺へと導かれる。

ああ、わが子よ。もしもあなたが、人間的な知識や教えという殻の中から外を見て、探求に費やしてきた時間とエネルギーの十分の一でも使って、内なるわたしを見つけるために真剣に、決意を固めて努力をするならば――

もしもあなたが、毎日、たとえ一時間でも、それをわたしだけに捧げ、あなたの内なるわたしの臨在をイメージし、実践するならば――

わたしはここであなたに、まもなくというよりも、もっとすぐに、あなたがわたしを見つけるだけでなく、わたしがあなたにとって、今のあなたの人間としての心では思いつかないような智慧や力、救いの尽きることのない源泉となることを約束しよう。

そうだ、もしもあなたがそのようにしてわたしを探そうとし、わたしをあなたの人生において第一のものとし、わたしを見つけるまでは休むこともないならば、あなたは遠からずわたしの臨在、すなわち、あなたのハートの奥底から絶えず語りかけるわたしの愛の声に気づくことになるだろう。

甘美な交流の中で、あなたはわたしのもとに来るようになり、あなた自身がわたしの意識の内にいること、わたしの言葉があなたの内にあること、そして、あなたが望むことはどのようなことであれ、一見すると奇跡的な形で叶えられることを見いだすだろう。

わたしの内に絶えずとどまることは、はじめのうちは難しいかもしれない。なぜなら、世界や肉体や悪魔があなたの意識にいまだに証拠を差し出してくるからだ。しかし、あなたはわたしの非個人的な目を用いることに慣れ、やがては物事の真実（リアリティ）を、また地上の領主と見なされる者たちの真実（リアリティ）さえ、見通すことができるようになるだろう。そのとき、あなたは自分が不思議な新しい世界に暮らしていることに気づくだろう。そこには天使のような存在がたくさんいて、彼らは人間的な個人の肉体をただの乗り物か道具、あるいは衣服のように用い、そうして、彼らが創造した地上の状況や経験に触れては、わたしのイデアを地上で完璧に表現するうえで必要な魂の資質を発達させようとしているだろう。

そのとき、あなたの目にはもはや影も悪も映らなくなり、結果として、悪魔も存在しなくなる。なぜなら、すべてが光、愛、自由、幸福、平和となり、あなたはあらゆるものの内にわたしを見て、それぞれの存在の内にわたしの何らかの属性を、命あるそれぞれのものの内にわたしの何らかの局面を見いだすからだ。あなたに必要なのは、あなたのハートからわたしの愛を輝かせることだけとなり、その愛は、あなたが見るすべてのものの本当の意味をあなたに照らし出してくれるだろう。

こうして、神の王国を見いだしたという大いなる気づきがあなたにやってくる。あなたは神の王国に足を踏み入れたのだが、神の王国とはまさにこの地上のことであり、あなたの周りに神の王国がすべて顕れていること、そして、あなたはずっと神の王国で生きてきたのだが、そうとは知らなかったことに気づくのだ。

それはどこか遠い場所にあるのではなく、あなた自身の存在の内に、またすべての存在の内にあり、顕在化しているあらゆるものの最奥にあることに気づくのだ。

言い換えれば、**それはあらゆる**物事の**真実**（リアリティ）である、ということが見いだされる。そして、外側の、目に見える物事はすべて、人間の誤解と、わたしからの分離を信じることによって創られた、この**真実**（リアリティ）の影であるということがわかるのだ。

あなたもまた、この王国を見つけたとき、自らの居場所をそこに見いだすだろう。今や真実においては、あなたは**わたしの聖なる属性**のひとつであり、あなたの仕事ははじめからあなたのために用意されていて、これまでのことはすべて、あなたの人間としての人格がその仕事の準備を整え、それに適応するためのものにすぎなかったことを知るだろう。

あなたの**魂**全体は、喜ばしい期待で躍動することになる。その期待とは、長きにわたる放浪のすえ、ついにあなたはわたしの家へと帰還し、今やわたしの本当の生命へと入り、わたしやあなたの他の自己たちとともに意識においてひとつとなり、わたしの聖なるイデアを地上において、ついに完璧に表現するために働くことができるということだ。

あなたがたのうち、これを読んでかつての喜びを思い出し、それに呼応して魂が鼓舞された者よ。わたしがあなたに伝えなければならないことのすべてを理解するまで、この言葉から離れてはならない——静かに！　わたしの内なる声に耳を傾けなさい。そして、もしあなたが非個人的な目で見て、非個人的な理解力をもって聴くことができるならば、待ち受けている栄光について学びなさい。

しかしながら、いま読んでいる内容が、あなたの内なるわたしの真実（リアリティ）に対するビジョンをもたらし、わたしとわたしの王国への部分的な気づきによって、あなたを一時的な霊的エクスタシーへと引き上げる高い波動をもたらしたなら、さらには、あなたが常にわたしのこの意識とともにあり、常にわたしに従うことを決意したなら——、たとえ、その後すぐにあなたの決意がどれほど真剣で強力なものであるかをテストする機会がやってきて、失敗したとしても、落胆してはならない。

あなたが試行錯誤し、わたしを信頼してわたしの内に安住するだけの強さと能力が欠けていることを鋭く自覚することによってのみ、あなたを通じて顕現することを待っている、わたしの聖なる力の意識を、わたしはあなたの中に活性化することができるのだ。

これらの高い波動は、ある魂・の資質とそれに対応する機能を刺激して作用させているにすぎない。それらは、わたしがそのような力を顕すことができるようになる前に、目覚めさせなければならないものだ。

そして当然のことながら、そのような魂の資質が呼び起こされたとき、それは、あなたの本性の中でこれまで明白な勢力を保っていた、他の何らかの資質からの激しい抵抗に遭うことになる。そのような抵抗は、魂の資質が自由に表現できるようになる前に、克服され、支配下に置かれ、さらには、その真の奉仕へと引き上げられなければならない。

そして、この抵抗は、こうした魂の資質による表現を強化し、テストし、完璧にするはずのものだ。というのも、あなたは、内側から押し出されるわたしの聖なる力のすべてを完全に顕すことができるようになる前に、外側からのあらゆる攻撃に耐えなければならないからだ。

あなたがそれに耐え、強くなれるのと同じ速さで、わたしはあなたの中に、これらの力を顕在化させていることを知りなさい。

あなたが犯す過ちは、あなた自身を成長させようとする試みの中にあるのだ。

〈われ在り〉は、あなたの内にある生命の樹だ。わたしの生命は押し出されるであろうし、押し出されなければならないが、それは少しずつ、そして確実な成長によってそれを行う。成長を遂げる前に、成果を得ることはできない。覚えておきなさい。わたしの生命は常に、あなたの健康、強さ、美しさを完璧に整えていることを。それが今も内側で表現し続けているように、これは外側でも表現されなければならないのだ。

あなたがたのうち、内なる〈われ在り〉に気づき始めたものの、わたしとの交わり方をいまだに学んでいない者よ。今こそ耳を傾け、学びなさい。

あなたは「静かにある」ことを学んできて、おそらく、内なるわたしの臨在を感じたことだろう。それなら、〈われ在り〉に気づきながら、わたしに尋ねなさい。そうして、静かに、真摯に、答えを求めてわたしに祈りながら、しかし、不安や心配、個人的な関心はもたずに、心を開き、確信をもって、やがて訪れる印象を待ちなさい。

ある考えが答えとして浮かんだものの、もしそれが、どこかで聞いたり、読んだりしたことがあるようなものなら、すぐにそれを打ち消して、こう言いなさい。「いいえ、父よ。あなたなら何とおっしゃいますか?」と。

別の考えが他の人からもたらされることもあるかもしれない。だが、あなたが用心深くあるならば、それをそうと認識し、受け入れることはないだろう。それでも、辛抱強くわたしに尋ね続けるならば、あなたはついに、まさにわたしからのものであると感じられる答えを得るだろう。

最初はそのようなものだろう。あなたが他のすべての声と**わたしの**声とを聞き分けられるようになり、あなたの個人的な関心を完全に抑制することができたとき、そのときあなたは、他の人の考えや信念、意見に干渉されることなく、思いのままに、わたしとの静かな交流を保つことができるだろう。あなたは自分が尋ねたいことを何でも質問できるし、また、他の人も、その人が助けを必要としているどのような問題についても、あなたに質問することができる。そして、**その瞬間**、**わたしは話すべき言葉をあなたの心の中にもたらし**、静かにあなた自身に、あるいは、あなたの口を通して、他の人の耳に届くようにするだろう。

わたしの愛する者よ。わたしに自己を捧げ、わたしとの合一を見いだそうとしてあらゆる努力をしながらも、見たところ、世界の側からの支えが取り上げられたか、取り上げられつつあり、そうしてお金も友人もないことに気づき、どこに人間的な助けを求めればよいのかわからなくなってしまった者よ。

学びなさい。わたしの祝福されし者よ。あなたはごく近くまで来ている。あなたがわたしの内にとどまり、わたしの言葉を内側に宿して、あなたを導かせ、わたしの約束を完全に信じて安らいでいさえすれば、わたしはすぐさま、人間の言葉や心では思い描くことができないような喜び、充足、平安をあなたにもたらすだろう。

なぜなら、あなたはわたしの指示に従い、わたしを信頼し、わたしの王国とわたしの義を第一に求めた。それゆえ、わたしはあなたに、他のあらゆるものも与えるだろう。世界があなたに与えなかったものでさえも。

親愛なる者よ。あなたもまた同じように、自己をわたしに捧げたものの、世界の規範のいくつかをいまだにもち続けていて、それを手放すことも、完全にわたしを信頼することもできないでいる。

あなたに、わたしが失敗や失望、あるいは貧困さえも許したのは、あらゆる世俗的な物事の偽りの価値と、その儚さ、そして、そういったものに幸福をもたらす力はなく、それとわたしの本当の生命とは何の関係もないことを学ばせるためだった。

愛しい子よ。このことをいまだに理解できず、明日の糧を、来週の家賃を、あるいは過去の借金の返済をどうまかなえばよいかわからず、不安と怖れでハートがいっぱいである者よ。山上の垂訓*の中で、遠い昔にあなたがたに伝えたわたしの言葉にもう一度耳を傾けなさい。

「それゆえ、わたしはあなたがたに伝えよう。自分の生命のために何を食べ、何を飲もうか、また、自分の身体のために何を着ようかと思い煩ってはならない」

「生命は肉にまさり、身体は衣服にまさるではないか」

「空を飛ぶ鳥を見よ。種をまくことも、刈り入れることも、倉に納めることもしない。それでも、あなたがたの天の父は彼らを養っている。あなたがたは、彼らよりもはるかに優れているではないか」

「あなたがたのうち、誰が思い煩ったからといって、寿命をわずかでも延ばすことができるだろうか」

「何ゆえ、衣服のことで思い煩うのか。野の百合がどのようにして育つかを考えてみなさい。あくせく働くことも、紡ぐこともない。あなたがたに言っておくが、栄華を極めたソロモン王でさえも、この花の一輪ほどにも着飾ってはいなかった」

「今日は生(は)えていて明日には炉にくべられる野の草でさえ、神はこのように装ってくれるのだから、あなたがたに対してはなおさらではないだろうか。信仰の薄い者たちよ」

「それゆえ、何を食べようか、何を飲もうか、何を着ようかと言って思い煩ってはならない」

「あなたがたの天の父は、あなたがたにこれらのものが必要であることを知っている」

「まず、神の国（これは神の意識として解釈される）と神の義を求めなさい。そうすれば、これらのものはすべてあなたがたに加えられるだろう」

「それゆえ、明日のことを思い煩ってはならない。明日のことは明日が思い煩うだろう」

「一日の苦労は、その日だけで十分である」

あなたに、これ以上に明確な指示や約束が必要だろうか？——わたしに自らを捧げ、わたしの弟子と称するあなたに。

聴きなさい！

わたしは常に、すべてを提供してきたのではなかったか？　あなたが困っていたとき、わたしは常に最適のタイミングで顕れ、手を差し伸べてきたのではなかったか？　物事が暗く見えたときに、わたしが光をもたらさなかったことがあるだろうか？

今、知っていることを頼りにあなたの人生を振り返ってみて、どこをもっとうまく統制すべきだったか、あなたにはわかるだろうか？　あなたは自分が霊的に理解していることを、あなたが知る誰かの地上の財産と交換したいと思うだろうか？　あなたがこれまでずっと、わたしに耳を傾けようとはせずに反抗してきたにもかかわらず、わたしはこのすべてを行ってきたのではないだろうか？

ああ、わたしの子どもたちよ。金銭、家屋、衣服、食物、そしてそれらを入手することは、ただの偶発的な出来事にすぎず、あなたがたの本当の生命とは何の関係もないということがわからないのか？　それらはただ、あなたがたがそれらを重視して、わたしを脇に置き、現実のものにしているにすぎない。

もし、あなたが真理――〈われ在り〉だけが人生において唯一重要なものであり、あなたが真にわたしを愛するのであれば、わたしが第一でなければならない――を学ぶうえで、あなたから世界の物事が奪われる必要があるとしたら、それはわたしが、本当の永続的な幸福と繁栄をあなたにもたらすために、これを許しているのだ。

わが子よ、これはあなたにもあてはまる。健康を損ない、勇気を失い、あなたの**自己**を完全に見失い、そして失われた生命を取り戻すために、地上における医師や治療法を何年も探し求め、与えられたすべての指示や提案に忠実に従ってきた者よ。——あなたは、ついに内なる**わたし**に戻ってきた。**わたし**なら、あなたを助けることができるかもしれないという、かすかな望みを抱いて。

知りなさい、**わが幼子よ**。あなたもまた、あなたを癒すことのできる**唯一の医師**である**わたし**に、完全に身をゆだねなければならないということを。**〈われ在り〉**は、あなたに内在する**全能の生命**なのだから。**〈われ在り〉**は、あなたの**健康**、あなたの**強さ**、あなたの**活力**だ。あなたが内なる**わたし**を感じ、**〈われ在り〉**がこのすべてであると知るまでは、本当の永続的な健康を体験することはできないのだ。

さあ、**わが子よ**、近くに寄りなさい。**〈われ在り〉**が今からあなたに、**健康**、**繁栄**、**幸福**、結合、平和、これらすべてを手に入れる方法を教えよう。

以下の言葉には**大いなる秘密**が隠されている。それを見つけた者には祝福がある。

静かに！——そして**知りなさい**——〈われ在り〉は——神であると。

あなたの内なる〈われ在り〉を**知りなさい**。〈われ在り〉とはあなたであることを**知りなさい**。〈われ在り〉はあなたの**生命**であることを**知りなさい**。すべての智慧、すべての愛、すべての力が、この生命の内に宿っていることを**知りなさい**。それは**今**、あなたの全存在のすみずみに、自由に流れている。

〈われ在り〉は、あらゆるものに内在する**生命**であり、**知性**であり、**力**だ。——あなたの身体のあらゆる細胞に、あらゆる鉱物、植物、動物の細胞に、火、水、風に、太陽、月、星々にそれは内在する。〈われ在り〉はあなたに、**存在する**すべてのものに内在する。それらの意識はあなたの意識と**ひとつ**であり、そして、すべてはわたしの意識だ。それらの中にあるわたし

の意識によって、それらが有するもの、それらがそうであることの**すべて**は、あなたのものだ。

――求めさえすれば。

わたしの名において、それらに語りかけなさい。

あなたが**わたし**と**ひとつ**であることを**意識**して語りなさい。

あなたの内なる**わたし**の力と、それらの内なる**わたし**の知性を意識して語りなさい。

語りなさい。――この**意識**において、**あなたが意志する**ことを**命ずる**のだ。――そうすれば、**宇宙**は急いで従おうとするだろう。

立ち上がりなさい！　わたしとの結合を熱望する者よ。あなたの聖なる**遺産**を、今、受け入れなさい。あなたの**魂**を、心を、身体を大きく開け放ち、**わたし**の生命の**息吹**を吸い込みなさい。

知りなさい！〈**われ在り**〉は、あなたを**わたしの聖なる力**であふれんばかりに満たしていることを。あなたという存在のあらゆる組織、神経、細胞、原子が、今や意識的に、わたしとともに**生きて**おり、**わたしの健康、わたしの力、わたしの知性、わたしの存在**とともに活動していることを。

というのも、〈**われ在り**〉はあなたの内にあるからだ。わたしたちは分離していない。わたしたちが引き離されることはありえない。〈**われ在り**〉はあなたなのだから。〈**われ在り**〉はあなたの**本当の自己、本当の生命**であり、〈**われ在り**〉は**今**、わたしの**自己**と、**わたしの力のすべて**をあなたの中に顕していているのだ。

目覚めなさい！　立ち上がり、あなたの主権を主張するのだ。あなたの**自己**を、あなたの**力**を**知りなさい！**　わたしが保持するものはすべてあなたのものであり、わたしの全能の**生命**はあなたのすみずみに行き渡り、あなたは**それ**を活用することができ、あなたが**意志する**ものを**それ**によって築き上げ、そして**それ**は、健康、力、繁栄、結合、幸福、平和など、何であれ、あなたが**わたし**に**意志する**ものとして、あなたのために顕れるということを**知りなさい**。

想像してみなさい。それについて**考えなさい**。それを**知りなさい！**　そして、あなたの本性である**積極性**をすべて使って、**創造的な言葉**を語りなさい！　それがあなたにとって、無駄に終わることはないだろう。

だが、知っておきなさい、**愛する者よ**。あなたが**わたし**のもとへとやってきて、完全かつ徹底的に身をゆだねるまでは、これは起こりえない。あなたがあなたの自己、所有物、関心事、**人生**を**わたし**にゆだね、すべての世話と責任を**わたし**にまかせ、完全に**わたし**を信頼し、安らぐまでは。

あなたがそうしたときには、上記の**言葉**が、あなたの**魂**に潜在する、**わたし**の**聖なる力**を刺激し、活性化することだろう。そしてあなたは、あなたに内在する**強大な力**に気づくことになる。それは、あなたが**わたし**の内にとどまり、**わたし**の**言葉**をあなたの内にとどまらせるかぎりにおいて、あなたを**夢の世界**から完全に解放し、あなたの**スピリット**を十分に活気づけ、すべての道をあなたのために明らかにし、あなたが望むあらゆるものを供給し、あなたの悩みや苦しみを永遠に取り除くだろう。すると、もはや疑念や疑問はなくなる。というのも、**わたし**、つまり、まさにあなたの**自己**である**神**が、常にあなたを養い、道を示していることを、あなたは**知る**ことになり、そしてまた、**あなたとわたしがひとつである**ということを見いだしているであろうから。

＊「マタイによる福音書」第五章〜第七章に記述されているイエスの山上での垂訓を指す。

18　結合

あなたがたのうち、自分自身をわたしに捧げたいと心から願い、わたしがあなたを通して、わたしの非個人的なイデアを自由に、完全に表現できるように、あらゆる個人的な考えや希望、目標を脇に置いて、あなたの人生のすべてをわたしに捧げようとする者よ。以下の言葉に、注意深く耳を傾けなさい。

わたしはまさにこの時点まで、あなたの人生のすべての経験を導いてきた。今、本当に、あなたにわたしに仕える準備ができており、その意志があるならば、そして、あなた自身では何かを知ることも行うこともできないことを、〈われ在り〉ということを、また、あなたがあなたの知性、あなたの強さ、あなたの実質と呼ぶものは実際にはわたしのものであることを、さらには、あなたの思考を指導し、あなたが行うすべてのことを引き起こし、それを可能にしているのはわたしだということを学んだならば、――そのとき、あなたはわたしの言葉の意味を理解し、それに従う準備が充分に整っている。

わたしがこれまであなたにもたらしてきた経験は、こうしたことを教えるためのものだった。しかし今、あなたの準備が整い、あなたがそれに値するならば、あなたは喜びながらも落ち着いて、新たな経験のひとつひとつを待ち望み、それぞれの経験にはわたしの意図のすばらしい表現が含まれていることを知ったうえで、意識的にわたしとともに働くことだろう。このわたしの意図は、わたしがあなたのために完全に明らかにするものであり、あなたをわたしとの愛に満ちた親密な結合へと導くものだ。

こうして今後、あらゆる体験は、苦難や試練、あるいは過去のカルマによるものではなくなり、祝福されたものとなるだろう。なぜなら、それぞれの体験の中で、わたしはあなたに――あなた自身の真のすばらしい自己という――わたしの真実（リアリティ）の輝かしいビジョンを開示するからだ。そのとき、もはやあなたはどのような古い欲求にも従おうとはせず、ただわたしの願いを知り、わたしを喜ばせることだけを求めるようになるだろう。

これは多くの新しいやり方で顕れるだろう。あなたの活動においては、それがどのようなものであれ、あなたは自分に課された仕事について気にすることなく、それはわたしが求めていることだと知ったうえで、目の前にあることは何でも行うだろう。あなたはただひたすら、あなたの非個人的な役割を果たすことによってわたしを喜ばせようと努め、それにより、わたしはわたしの意志を迅速に達成することができるのだ。

あなたの職業においても、あなたは〈われ在り〉を見いだすだろう。実際のところ、あなたにそのような職業をもたらすのは、それが何であれ、わたしなのだ。それは、その職業であなたが成功するためでも、失敗するためでも、ありふれた努力家となるためでも、子孫のために財産を残すためでも、一切を失うためでも、何かを貯め込むためでもない。むしろ、成功や失敗、特別な能力、あるいは野心の欠如を通して、わたしはあなたのハートを活気づけ、わたし――あなたの内に座している非個人的な一なるもの――へと目覚めさせようとしている。そして、あなたが行うこれらすべての出来事を引き起こし、指示しているわたしは、あなたが意識的に真の成功を手にし、わたしがあなたのために用意している本当の豊かさを受け入れるのを待っている。

こうしてあなたは、仕事や労働、人生の状況などは、ただの偶発的な出来事、あるいは、特定の体験をあなたにさせるためにわたしが選び、使用する外的な乗り物にすぎないことを知るだろう。これらの経験というのは、あなたにその気づきをもたらすうえで最適であるとわたしが考えるものであり、それと同時に、あなたの内にある、今はまだ不完全にしか表現されていない、ある魂の資質を活性化するためのものだ。

もしあなたが、このようにあなたのハートに住み、あなたの事務所や店舗、作業場など、それが何であれ、あなたの行く先々に同行しているわたしを知ることができ、わたしがあなたの仕事やあらゆる進路について指示することを許すならば、わたしはあなたに次のように伝えよう。あなたにこれができるなら、あなたはただちに、あなたの内なる新たな力に気づくことだろう。その力は、あなたと出会うすべての人にとって、穏やかで優しい思いやり、真の兄弟愛、愛に満ちた助けとしてあなたから流れ出し、彼らを奮い立たせて、より高度な仕事や生活上の規範へと導き、さらには、彼らの仲間内においても同じような影響を及ぼしたいという熱意を彼らの内に生じさせることだろう。その力は、仕事、お金、友人、そして、あなたが必要とするものを豊富に引き寄せ、その力は、あなたを思想の最高領域へと結びつけ、あなたの人生のあらゆる瞬間において、あなたがわたしの非個人的な力と属性のすべてをはっきりと見て、それを意識的に顕すことを可能にするだろう。

あなたはもはや、わたしを見つけ、そして崇拝するために、教会や宗教的な集いに赴いたり、わたしの啓示書の教えを読んだりする必要性さえ感じなくなるだろう。

その代わりに、あなたは内側を向き、常にそこにわたしを見つけるだろう。そして、わたしと交わり、わたしに仕え、わたしをそのように賛美する喜びで満たされることだろう。あなたはただ、わたしの声に耳を傾け、それに従うこと以外は気にしなくなり、わたしのやさしい愛が、あなたがどこへ行き、どのような仕事をしようとも、あなたを包み込んで満たし、道を整え、状況を穏やかなものにするため、あたたかさやときめきを感じることだろう。

わたしがあなたをどこに派遣しようとも、わたしはあなたを通して、わたしの祝福が受けられるよう、あらゆる人々をわたしに惹きつけ、あなたにコミュニティにおいて人々を感化し、鼓舞するような影響力を与えるだろう。あなたは今や、あなたの個性をわたしの聖なる非個人性に従属させることができるため、人々はあなたのことを忘れ、わたしだけを見て、彼ら自身のハートの中にわたしの臨在がよみがえるのを感じるだろう。そうして、新しい光を瞳の中に輝かせ、人生に新しい意義を感じながら、彼らは前進する。

特に、あなたの家庭には、わたしが住むことになるだろう。あなたの身近にいる人々を通して、わたしは多くのすばらしいことを教えるだろう。あなたは以前には、それらの真理に激しく反発していたのだが、今では理解することができる。夫や妻、子ども、兄弟姉妹、親を通して、今、わたしはすばらしい資質——忍耐、優しさ、寛容、口を慎むこと、愛情、真の献身、思いやりの心——をあなたのうちに育むことができる。というのも、〈われ在り〉は、あなたのハートにあるのと同じように、彼らのハートの奥底にもあることを、わたしがあなたに理解させるからだ。

今やあなたはこれを理解することができ、そこから教訓を得るだろう。あなたがこの偉大な真理を本当に理解したとき、あなたは、あなたの兄弟や妻、親や子どもの中にわたしがいて、彼らが話すときには、愛と喜びに満ちたまなざしで語りかけていることがわかるだろう。あなたは、彼らの過失のように見えることで彼らを責める代わりに、非個人的な一なるものである、内なるわたしに向かうだろう。わたしは、あなたを通して愛に満ちた優しい言葉を語り、その言葉はただちに他者のハートを和らげ、あなたがたをもう一度結びつけ、これまで以上に親密にさせるだろう。というのも、わたし、つまり本当のわたしは、それぞれのハートにおいてひとつであり、呼びかけられれば常に答えるからだ。

そうだ、あなたにとっての最も偉大な学び舎と、最も偉大な教師は、あなたの家庭に、その団欒(だんらん)の中にあるということをあなたが理解しさえすれば――。このことを意識的に知っている者、また、内なる、非個人的な一なるものであるわたしがこのように教えることに同意した者には、多くの、実に多くのことが用意されている。というのも、わたしは、あなたの身近にいる人々の口を通してあなたに多くのことを教えるだけでなく、あなたを通してその人たちにも同じように教えるからだ。――だが、次のような違いもある。それは、もしあなたがわたしを意識して、非個人的に、わたしとわたしの智慧の内に安らいでいるなら、あなたは、わたしがあなたの言葉に霊感を与え、あなたの行動を後押しすることを許すだろうし、それが他の人々や自分自身にどのような影響を及ぼすかを気にかけることなく、わたしにすべての責任をゆだねることだろう。

これができたとき、あなたは、あなた自身やあなたの愛する人たちの人格に生じている変化を目にして驚嘆するだろう。――ただしそれは、あなたが、彼らの人間としての人格の裏側に、わたし、つまりあなた自身の非個人的な自己が、彼らの瞳から輝き出しているのを見ることができるまでの間だ。

あなたがそのようにわたしを見ることができたとき、天国はあなたに開かれ、あなたはもはや、あなたの兄弟に欠点を見つけることも、周囲の不調和を耳にすることも、どんな仲間からであれ、不親切な扱いを受けていると感じることもなくなるだろう。というのも、あなたは、非個人的な一なるものである、他者の内なる〈われ在り〉こそが、あらゆる完璧さ、あらゆる調和、あらゆる愛に満ちた優しさの源泉だと知るであろうから。そしてまた、人間としての人格がこれを認識し、従順に身を引くことで、わたしの光が輝き出し、わたしの聖なるイデアという栄光の中できらめくのを、わたしが待っていることを知るであろうから。

そのときあなたは、わたしがあなたにもたらした状況はすべて、あなたがわたしに最もよく奉仕できるよう、わたしが選んだものであり、そうした場所や状況のすべてには、行うべきことが実にたくさんあることを理解するだろう。それらが人格にとって不快であればあるほど、わたしの生きた臨在はより必要とされるのだ。

目覚めが訪れるとき、あなたがどこにいようとも、また、あなたの学びがどのようなものであろうとも——それが仕事、職業、肉体労働、教会、あるいは暗黒街のことであれ、——そこにはおそらく、あなたが奉仕する最高の機会が横たわっているだろう。あなたはそこでの最善の方法や手順を知っているのだから。というのも、外部から最初に与えられるべき刺激なくして、わたしとあなたの他の自己たちが目覚め、内なるわたしの臨在を知るということがありうるだろうか。受け取ったあなたには与える義務がある。感化されたあなたは、感化する者となる必要があるのだ。あなたはこの事業、この職業、この労働、この暗黒街に、わたしの生きた臨在をもたらし、病み、嘆く者たちのハートの扉を開き、わたしの光とわたしの癒しの愛を注ぎ込まなければならない。事態を変革するには感化する必要があるのだ。事態を改善するには、わたしの目覚めた存在であるあなたが、わたしの無知で裏切られた者たちに、わたしの霊感、わたしの祝福、わたしの強さを伝えなければならない。そうすることで、彼らは成長し、世俗的な影響を捨て去って、内なるわたしの声に耳を傾けられるようになる。そして、それより後は、周りを統率するマスターとなり、もはや奴隷ではなくなる。人生におけるどのような状況も、そこから逃げてしまっては、向上させることも、克服することもできない。聖なる接触が必要であり、供給されなければならないのだ。それを供給できるのは、わたしをガイド兼通訳として、人間の経験の深みに潜り、高みに達した者だけだ。

これを読み、その魂がこれを理解しているあなたは祝福されており、あなたの仕事はあなたの目の前にある。

しかし、あなたの曇った知性に光が差し込むときに、いまだにためらい、あなたの人格が恐怖におののく者よ――あなたもまもなく、わたしの祝福を受けるだろう。あなたを待ち受けている喜びのために、わたしはあなたの準備を急いで整えているのだから。

理解する者も、恐れる者も、知りなさい。今も、〈われ在り〉はあなたを通して、わたしの意志を顕している。そして、わたしの意志以外の意志はありえないということを、あなたが知るときが必ず来るだろう。そのとき、あなたが意志するすべてのことは実現し、あなたは分離の夢から完全に目覚め、そしてわたしを、あなたの真実かつ唯一の自己として知ることになるだろう。

これは、あなたが自分自身とあなたの人生のすべてを完全に、わたしにゆだねることができてはじめて実現するだろう。あなたの人間としての人格の中に、あなたの言動によって、他者の内にほんのわずかでも思考や感情の不調和を引き起こすようなものがなくなってはじめて、これは実現するのだ。

そのとき、あなたの道は祝福の連続となるだろう。あなたがどこへ行こうとも、わたしの光が輝き出し、わたしの愛が周囲に広がり、平和、調和、統合を生み出すだろう。すばらしいのは、ただし、ひとたび理解すれば、それは自然なことにすぎないのだが、彼らの生活にあなたが現れたことによって、すべての人が、より健やかで幸せになるということだ。

というのも、彼らの内なる〈われ在り〉は、いまだ肉体の中にあっても、あなたの内側に真に非個人的な表現方法を見いだし、あるいは察知し、それゆえに、たとえその個人にとっては意識的でなくとも、わたしの非個人的な生命（インパーソナル・ライフ）の栄光と神聖さを感じ取るからだ。

監修者あとがき

『インパーソナル・ライフ』(原書名"The Impersonal Life")は、一九一四年に、アメリカ人のジョセフ・ベナー(Joseph Benner 1872–1938)がチャネリングによって書いた本である(その後、何版か重ねられている)。彼は「匿名」(Anonymous)で本を出していた。

『インパーソナル・ライフ』は、彼の最初の本であり、他には"The Way Out""The Way Beyond""Brotherhood""The Way to the Kingdom""The Teacher & Wealth"がある。

一九六〇年代の大歌手エルビス・プレスリーは、この本に感銘を受け、数百冊もいろいろな人に配り、他界する直前には手元に『インパーソナル・ライフ』があったと言われている。

『インパーソナル・ライフ』は、〈われ在り〉(I AM)からのチャネリング・メッセージであり、とても力強い言葉で書かれている。

原書ではI AM〜と大文字で文章が書かれていて、通常の訳文では「わたしは、〜である」となるが、I AMの大文字を活かすためにあえて、この本では「〈われ在り〉は、〜である」という訳文にさせていただいた。また、原書での強調のところも、日本語として太字や圏点での対応で工夫してみた。

〈われ在り〉(I AM)とは、キリスト教神秘主義、イスラム教の神秘主義であるスーフィ、仏教の禅、それにヒンドゥー教の中のアドヴァイタ(非二元)の教えで指し示している「覚的主体(真我)」のことであり、この世界の根底にあり、世界を超越している意識のことだ。

そして覚者とは、〈われ在り〉(I AM)を一瞥し、感得し、一体となり、それに従って生きるようになった人を指す。

参考として、ラマナ・マハルシの『真我』(ナチュラルスピリット)や、ノンデュアリティ系の本もお薦めしたい。

この本の日本語訳の企画は二十数年前にあった。その時、川口まゆみさんにお願いをして翻訳をしていただいた。それをもとに、私の方で用語や表現の仕方について推敲していたが、多忙さで手がつけられない状況が長年続いた。その後、編集者の三反久美子さんに引き継ぎ編集をお願いすることになった。しかし三反さんが病気で他界され、編集作業が途中のまま、またとまってしまった。

その間、二〇一九年に大湾洋乃氏が訳された『インパーソナル・ライフ』が電子書籍とPOD版としてamazonで出された（著作権が切れているのでどなたが訳して出されてもOK）。最近では、大湾氏は改訂版を出され、続巻も翻訳して出されている。

他の方が出されたので弊社ではもう出さなくてもいいのではという意見もあったが、自分の課題でもあったので、諦めず出すことにした。最後の仕上げをしていただいたのは編集者の畑中直子さんで、畑中さんにはとても感謝している。

読者の方は、どちらの翻訳で読まれてもよいと思っている。出すまでに長い年月が掛かってしまったが、時代が大きく変わろうとしている今の時期に出たというのもよいタイミングだったのかもしれない。

多くの人が、〈われ在り〉（I AM）＝真我を見出していただければ幸いに思う。

二〇二四年八月吉日

今井博樹

●新しい時代の意識をひらく、ナチュラルスピリットの本（★…電子書籍もございます）

われ在り I AM
ジャン・クライン 著
伯井アリナ 訳
非二元マスター、ジャン・クラインの初邦訳本！ダイレクトパス（覚醒への直接的な道）の叡智が輝く非二元最高峰の教えの一冊。
定価 本体一八〇〇円＋税

オープン・シークレット★
トニー・パーソンズ 著
古閑博丈 訳
ノンデュアリティの大御所トニー・パーソンズの原点。対話形式ではなく、すべて著者の記述による、「悟り」への感興がほとばしる情熱的な言葉集。
定価 本体一三〇〇円＋税

気づいていることに気づいている
永続的な安らぎと幸福へのダイレクト・パス
ルパート・スパイラ 著
福田カレン 訳
気づきに備わる不変の安らぎと無条件の喜びという本来の特質を解き明かす。著者が過去数年間の集会やリトリートで行った誘導瞑想をまとめた一冊。
定価 本体一五〇〇円＋税

無自己の体験
バーナデット・ロバーツ 著
立花ありみ 訳
自己が抜け落ちてしまった壮絶な記録。著者の体験を通して語られる、無自己とそれを超えたところとは？『無我の体験』を改題して復刊！
定価 本体一八〇〇円＋税

静寂の雷鳴
ジョエル・ゴールドスミス 著
高木悠鼓 訳
キリスト意識に目覚め、善と悪、二つのパワーを超越して生きるために。イエス・キリストが伝えたメッセージの現代版ともいえる一冊。
定価 本体二三八〇円＋税

「今この瞬間」への旅 新訳版★
スピリチュアルな目覚めへの明確な手引き
レナード・ジェイコブソン 著
コックス・リツコ
アントニー・コックス 訳
「目覚め」への入り口は、誰もがいつでもアクセスできる「今この瞬間」だった。マインドを静め、エゴを超えて、プレゼンスへと至るロードマップ！
定価 本体二〇〇〇円＋税

ただ一つの真実、ただ一つの法則：私は在る、私は創造する
エリン・ウェアリー 著
奥野節子 訳
「I AM」に触れ、ただ一つの真実とただ一つの法則に基づいた愛、創造、ワンネス、宇宙意識についての知識を記録した一冊。
定価 本体一四〇〇円＋税

インパーソナル・ライフ

●

2024年9月23日　初版発行

記述／ジョゼフ・S・ベナー
訳者／川口まゆみ
監修／今井博樹

編集・DTP／畑中直子

発行者／今井博樹
発行所／株式会社 ナチュラルスピリット
〒101-0051 東京都千代田区神田神保町3-2 高橋ビル2階
TEL 03-6450-5938　FAX 03-6450-5978
info@naturalspirit.co.jp
https://www.naturalspirit.co.jp/

印刷所／株式会社ディグ

ISBN978-4-86451-451-4 C0010